법으로 보는 미국
그리고 한국의 사법개혁

차례
Contents

미국 사법제도의 형성과 전개

식민지 시대의 법률문화

　크리스토퍼 콜럼버스가 아메리카대륙을 발견했던 것은 1492년이었다. 그 후 영국인에 의한 신대륙 정착은 17세기 초에 비롯하였다. 최초의 식민지인들은 영국국교에 의한 탄압을 피하여 종교의 자유가 있는 '신의 나라(City of God)'를 신천지에 건설하고자 이주하였다. 그들은 법률을 무시한 신정정치(theocracy)를 폈으며, 예수의 가르침을 여과 없이 받아들여 극도로 소송을 기피하고 법률을 혐오했다. 이처럼 성직자들이 성경에 의한 독재정치를 행했기 때문에 법률은 그 효용성을 발휘할 수 없었다. 초기의 식민지인들은 영국의 찬란한 법률문화와 고도로 발달된 영국식 보편법(common law)의 전통에 익숙하였지만, 그럼에도 불구하고 그들에게 법률과 변호사는 무용지물에 불과했다.

그러나 법률무용론은 결코 오래갈 수 없었다. 상공업의 발전과 더불어 해운을 통한 해외무역이 증가했고, 개척자들이 계속 서부로 진출함에 따라 토지와 가축 등의 소유권을 명백히 해야 할 필요성이 생겨나게 되었다. 18세기 식민지 후기에 이르면 그들은 영국의 법률적 문화가 필요하다는 것, 해양법과 계약법에 관한 전문가, 그리고 토지소유권을 확실히 하고 권익침해(torts)[1]에 대한 피해보상을 확보하기 위한 변호사들이 필요하다는 것을 절감하게 되었다. 수요가 있으면 공급이 생기는 법. 머리 좋은 수많은 젊은이들이 법률을 공부해 변호사의 길로 진출하였다.

변호사에 대한 수요는 갈수록 늘어났다. 새로운 법률시장에서 변호사들은 돈을 벌 기회를 얻었을 뿐만 아니라 영국의 변호사들처럼 학식이 낮은 일반 백성들의 존경도 받게 되었다. 변호사의 수는 기하급수적으로 증가하였고, 이제 그들은 고급 전문직으로서 상류계급의 위치를 확보하였다. 1776년 「독립선언서」에 서명함으로써 혁명전쟁의 선두에 섰던 건국의 원로 56명 중 타머스 제퍼슨(Thomas Jefferson), 쟌 애덤스(John Adams) 등 25명이 변호사였고, 이어 1787년의 제헌회의에서 헌법제정에 참여하였던 각 주의 대표 55명 중 제임스 매디슨(James Madison), 알렉산더 해밀턴(Alexander Hamilton), 쟌 제이

(John Jay) 등 31명이 변호사였다는 사실을 보면 18세기에 이르러서 변호사들의 영향력이 얼마나 커졌는가를 충분히 짐작할 수 있다.

그렇다면 18세기와 19세기 중엽까지 이들 변호사들은 어떻게 양성되었을까? 여기에는 두 가지 방법이 있었다. 첫째는 영국 유학이었다. 영국에는 위대한 보편법의 전통이 있어서 일찍부터 재산법과 권침행위에 대한 법률이 발달하였고, 산업혁명 이후에는 계약법과 해양법이 발전하여 탁월한 법률학자가 많이 출현하였다. 영국에 유학했던 부유층 자제들은 그곳의 교양과 법률을 동시에 공부하였고 귀국 후에는 재판소에서 변론할 수 있는 기회를 얻었다. 두 번째 방법은 식민지 안에서 법률을 습득하는(readings of law) 것이었다. 구체적으로는 현역 변호사의 사무실에서 심부름을 하면서 법률지식과 소송진행법을 습득하는 방법이었다. 이는 마치 목수나 대장장이처럼 현장실습을 통하여 기술을 배우는 도제제도(apprenticeship)와 같은 것이었다. 당시에는 아직 변호사 면허제도가 없었다. 젊은 변호사 지망생은 판사의 재량과 허가에 의하여 재판에서 변론할 기회를 얻었고, 그러다 웅변으로 명성을 떨쳐 배심원들의 가슴을 울리게 되면 그 소문을 듣고 의뢰인들이 찾아오곤 하였다.

법률대학원(law school)의 현황[2)]

남북전쟁이 끝난 후 급속한 산업화의 과정을 거치면서 변호사 양성제도에 일대 혁신이 일어난다. 19세기 후반에 이르러 여러 대학들이 다투어 법률대학원을 설립하기 시작하였던 것이다. 현대적 의미에서 법률대학원의 선구자는 단연코 하버드(Harvard), 예일(Yale), 펜슬베이니아(Pennsylvania) 대학 등이었다. 그러나 이들 법률대학원에서도 처음에는 고등학교 졸업생들을 앉혀놓고 법률을 가르친 다음 이들을 변호사로 배출하였다. 20세기에 들어와서 비로소 법률대학원이 입학자격으로 학부교육(undergraduate education)을 요구하기 시작하였는데, 그나마 처음에는 1~3년의 대학교육만으로도 충분하였다. 어떤 주에서는 학부교육을 받는 도중에 법률대학원 과정을 동시에 택할 수 있게 해서 4년 만에 전과정을 마칠 수도 있었다. 다수의 법률대학원은 야간제로 운영되었다. 그래서 낮에는 생업을 가진 직장인들이 밤에 파트타임으로 나오는 법률대학원들도 많이 있었다. 이때에는 법률대학원의 전국적인 통일성은 찾아볼 수 없었고, 법률에 대한 지식보다는 웅변을 잘해서 배심원들의 심금을 울릴 줄 아는 변호사를 양성하는 데 주력하였다.

오늘날 미국에서 보는 성공적인 법률대학원의 발달은 제2차세계대전 이후의 현상이다. 실로 현대는 법률대학원과 법률직업(legal profession)의 전성시대라 할 수 있다. 현재 미국변호사협회(American Bar Association, 이하 ABA로 약칭함)의 인가를 받은 법률대학원의 수는 186개로, 연간 졸업생은 약 48,000명에 이른다. 그 중 큰 주들의 현황을 보면 다음 표와 같다.[3]

주	법대(수)	연간 졸업생(명)
캘리포니아	18	5,900
뉴욕	15	5,200
텍사스	9	2,900
매사추세쓰	7	2,500
일리노이	9	2,400
플로리다	8	2,300
와싱튼 D.C.	6	2,200
미시건	6	2,100
오하이오	9	2,000
펜슬베이니아	7	2,000
버지니아	7	1,500
루이지애나	4	1,000
뉴저지	3	1,000
노스캐롤라이나	5	900
미주리	4	900
조지아	4	900
미네소타	3	800
와싱튼	3	800

현대적 의미에서 법률대학원 교육의 시조는 단연코 크리스토퍼 콜럼버스 랭들(Christopher Columbus Langdell)이다. 그는 1870년부터 25년간 하버드 법률대학원의 학장으로 재직하였는데, 법률대학원에서의 강의과목을 계약법(Contracts), 재산법(Property), 권침법(Torts), 헌법, 형사소송법 등으로 분류하였다. 이렇게 분류된 강의과목은 지금도 그대로 답습되고 있다. 그는 교수방법에서도 종전의 암기식, 주입식, 웅변식 방법을 폐지하고 '소크라테스의 문답법(Socratic method)'을 택하였다. 이

는 '판례법 연구(Case law study)'라고 알려져 있는 바와 같이, 대법원과 항소법원의 판례를 숙독한 다음 사제 간의 신랄한 문답과 토론을 통하여 법률의 원리를 습득케 하는 세미나 형태의 교수방법이었다.

법률교육의 목표는 눈앞에 있는 현실적 사건의 사실(facts)을 추출한 다음 그에 대한 '법률적 추리와 분석'을 하게 함으로써 법률의 원칙을 찾아내고 사실에 대한 법률의 적용을 합리적으로 발견하게 하는 것이다. 한마디로 '변호사처럼 사고하라(Think like a lawyer)'는 것이 법률대학원의 교육 목표이다. 이렇게 해서 법률대학원 졸업과 동시에 혼자서 독립하여 법률직업에 종사할 수 있는 '독자적 판단력'의 소유자를 양성하게 되는 것이다.

미국의 법률직업(legal profession)

변호사 면허를 획득하기 위해서는 각 주에서 시행하는 변호사 시험(State bar exam)에 합격해야 한다. 이것은 전적으로 주정부의 소관사항이지만 ABA와 지역 법률대학원과의 긴밀한 협조가 필요하다. 면허시험은 1년에 두 번씩 7월과 2월에 시행된다. 시험은 이틀간에 걸쳐 치러지는데, 첫날은 전국적으로 동일한 연방법률에 관한 시험(multi-state exam)이고 이틀째는 자신이 속한 주의 법률에 관한 시험으로 진행된다. ABA의 인가를 받은 법률대학원을 졸업했을 경우 평균 75-80%는 합격한다고 볼 수 있지만, 학교별로 합격률에 상당한 차이가 있다. 예를 들어 텍사스 주에 있는 9개 법률대학원의 최근 10년간 평균 합격률은 다음과 같다.

Baylor Law School	92%	
Univ. of Texas School of Law	92%	
Texas Tech Law School	90%	
Univ. of Houston School of Law	89%	평균 80%
SMU Law School	85%	
South Texas School of Law	84%	
St. Mary's Law School	75%	
Texas Wesleyan School of Law	59%	
Texas Southern Law School	56%	

변호사 시험에만 합격하면 그에게는 자신이 속한 주에 설립되어 있는 지방법원에서부터 대법원까지 자유롭게 변호사업에 종사할 수 있는 면허가 주어진다. 연방법원에서 변론하고자 한다면 별도의 시험은 없지만 자기 주의 변호사협회에서 견책받은 사실이 없다는 '무결격(good standing)' 확인서와 연방법원에서 변론할 수 있는 면허를 가진 다른 변호사의 추천서를 첨부한 지원서를 내야 한다. 한 주에서 받은 면허로는 다른 주에서 법률사무를 행할 수 없고 다시 변호사 시험을 치러야 한다. 다만 주 사이의 상호 우호주의(Comity) 원칙에 의하여, 한 주에서 5년 혹은 8년 이상의 법률사무 경력이 있는 경우에는 다른 주로 옮기고자 할 때 시험면제의 특전이 주어지기도 한다.

연간 48,000명 이상의 졸업생 중 75%가 변호사 시험에 합격한다면 줄잡아도 연간 36,000명의 변호사가 새로 탄생하는 셈이다. 실제로 지난 2003년 미국의 전체 변호사 수는 백만 명을 넘어섰다. 미국의 인구는 2억9천만 명이다. 결국 인구 290명 중 한 명이 변호사라는 이야기인데, 분명히 너무나 많은 숫자이다. 특히 정부기구가 많은 와싱튼 D.C.에서는 인구 100명당 한 명이 변호사라고 한다. 이런 상황에서 변호사의 취업이 보장될 리 만무하다. 그래서 모든 법률대학원은 졸업 예정자 혹은 졸업생들의 취업알선에 전력을 다한다. 하지만 변호사의 직역(職域)이 워낙 많고 넓으니 대부분의 졸업생이 결국에는 일자리를 얻을 수 있다. 취업이 불가능하거나 특별한 사명을 느끼는 소수의 졸업생은 조그마한 사무실에 간판을 달고 전화 한 대를 놓은 후, 개인 법률사무실을 개업하기도 한다. 최근의 한 통계에 의하면 갓 졸업한 변호사의 최초 취업상황은 다음과 같다.

교육 분야(Academic)	1.2%
재판연구원직(Judicial clerkship)	11.1%
정부기관(Government)	12.3%
군법무관(Military)	1.2%
재벌기업 법무실(Private industry)	14.0%
공익법인(Public interest)	2.7%
법률회사(Law firms)	30.0%
단독개업(Solo practice)	15.0%
미취업/미확인(Unemployed/Unknown)	12.5%

특히 괄목할 만한 것은 1960년대 이후 변호사 수의 폭발적인 증가와 더불어 공익법(public interest law)과 빈민법(poverty law) 분야의 활동이 왕성해졌다는 점이다. 1960년대에 이미 랠프 네이더(Ralph Nader) 변호사가 공익법 분야를 개척하여 소비자보호운동에 앞장섰고, 연방정부는 법률구조공사(Legal Services Corporation)를 설립하여 빈민들의 법익을 대변케 하였다. 이후 이상주의에 불타는 젊은 변호사들이 수입의 많고 적음을 상관하지 않고 공익적 관점에서 법률을 통해 사회개혁과 사회봉사에 공헌하고자 하는 경우가 크게 늘어났다. 이들은 법률을 사회정의 실현의 도구로 이용하고 있다. 모리노 사건(Moreno v. US Department of Agriculture, US, 1973) 이후 빈민의 권익옹호에 앞장서고 있는 폴랙(Ronald F. Pollack) 변호사는 "우리의 역할은 법률을 이용하여 빈민의 배를 부르게 하는 일이다"라고까지 말한다.

그 밖에 빈곤계층의 형사사건을 변호하는 국선변호인제도(public defender system), 사회개혁에 앞장서는 시민단체(NGO)의 변호사들, 자기 법익을 지키지 못하는 이들을 위하여 집단소송(class action litigation)을 통해 사회정의를 추구하는 변호사들이 있는가 하면, 권침소송(tort litigation)을 통하여 유산자의 횡포를 응징하고 사회적 약자의 권익을 옹호하면서 스스로는 막대한 돈을 벌기도 하는 별난 변호사들도 있다. 중요한 것은 변호사 시험에 통과하는 것은 하나의 면허를 받는 데 불과하고 그 다음부터는 경제시장에서 자유로이 경쟁하여 자기관리를 한다는 점이다. 변호사 면허 자체가 평생의 직업을 보장받고 자동적으로 상류사회에 진입할 수 있는 입장권이 아니라는 점을 미국 변호사들은 충분히 깨닫고 있는 것이다. 수입만으로 보면, 지금도 연간 수백만 달러를 벌어들이는 변호사가 있는 반면 연간 30,000달러 내외의 수입을 올리는 것도 어려운 변호사도 있다.

미국 법조계에서 빼놓을 수 없는 중요한 구성원은 법학교수들이다. 법률대학원에서 전해오는 고전적 격언 하나가 있는데, 그것은 'A급 학생은 법학교수가 되고, B급 학생은 판사가 되며, C급 학생은 돈을 번다'는 것이다. 자기 반에서 5% 이내의 성적으로 졸업한 후, 적어도 3년 이상의 실무경험(일류 법률회사나 판사의 법률연구원으로서의 경력이 최고로 대접받음)이 있고 우수한 법률논문을 작성할 수 있다면 법학교수가 될 가능성이 크다. 하버드, 예일, 컬럼비아, 시카고, 스탠퍼드 법률대학원의 법학교수라면 그야말로 전국적인 존경을 받는 자리이고 교과서나 참고서의 저술로도 적지 않은 수입을 기대할 수 있다. 법학교수는 파트타임으로 법원에 나가서 원고나 피고를 위한 송무(訟務)를 담당할 수도 있고, 그 중에는 항소법원의 판사로 발탁되어 가는 경우도 종종 있다.

판사는 미국사회에서 굉장히 존경받고 영향력 있는 자리이지만 판사를 교육하는 학교는 별도로 없다. 판사의 학교교육은 법률대학원에서 끝난다. 그들은 법률대학원에서 이상주의, 법치주의, 실용주의, 사회봉사, 도의적 완전성(moral integrity)

에 관한 모든 기초교육을 받는다. (판사에 관해서는 다음 장에서 상론하기로 한다.)

법학교수와 판사에 관심이 없거나 재학시 성적이 C급이었던 변호사는 돈 버는 일에 크게 성공할 수 있다. 모든 변호사가 큰 돈을 버는 것은 아니지만 그 기회는 누구에게나 고르게 주어져 있다. 법학교수나 판사보다 10배 이상의 수입을 올리는 변호사가 있음은 잘 알려져 있는 사실이다. 그들은 주로 대형 법률회사의 파트너 혹은 재벌회사의 고문 변호사이지만, 때로는 권침소송 변호사(tort lawyer)가 수억 달러를 버는 것도 드문 일은 아니다.

변호사협회(state bar)

각 주는 준정부기관의 성격을 띤 변호사협회를 구성하고 변호사 면허를 가진 모든 이(각급 판사, 검사, 법학교수, 정부 내의 모든 변호사를 포함)로 하여금 의무적으로 그 회원이 되게 한다. 주변호사협회는 변호사 면허 소지자들의 공동이익을 추구하기 위한 이익단체이기도 하지만 법원조직의 중요한 구성원으로서의 변호사의 품위유지, 사법권의 공정한 집행 및 정의 실현에 앞장서는 의무를 수행하는 공익단체이기도 하다. 주변협의 중요한 역할 중에는 변호사 면허 소지자들의 계속적인 법률교육을 주관하고 변호사 징계위원회를 운영하는 일이 있다. 그 밖에 공익상 필요한 입법사항을 주의회에 권고하고 사법부의 원활한 운영을 위하여 법원과 긴밀한 연락을 취하기도 한다. 변협은 변호사 면허 소지자 전체의 의무적 단체이기 때문에 판검사와 변호사를 비롯한 전체 법조계의 일원화를 위해 중추적 역할을 한다.

변호사들은 해마다 개정되는 법률의 내용을 항상 숙지하고, 끊임없이 법률지식을 연마하기 위해서 연간 최소 15시간 정도의 '계속법률교육(continuing legal education)'을 받도록 되어 있다. 변협의 중요한 역할 중의 하나는 그러한 법률교육을 실시하고, 변호사들이 제대로 학점을 취득했는가의 여부를 확인하는 것이다. 현재 미국 변호사들의 평판은 극히 좋지 않은 상태이다. 실제로 변호사라는 사과상자 안에 썩은 사과가 드문드문 섞여 있는 것도 사실이다. 이미 돌이킬 수 없는 지경에 이르렀거나, 옆에 있는 사과까지 전염시킬 수 있는 썩은 사과는 아예 송두리째 제거해버릴 수밖에 없다. 변협은 다수의 정직한 변호사를 위해 그런 악역도 맡고 있다.

변협이 전문성 있는 직능단체인 반면, 주의회는 모든 문제와 분야에 대한 전문성을 갖추기 어렵기 때문에 입법활동에 있어서 끊임없이 변협의 자문을 받고 있다. 따라서 주의회는 변협과 긴밀한 연락을 취하지 않을 수 없다. 한편 주의 법원조직은 변협의 협조 없이는 홀로 설 수 없을 정도로, 변협의 지원이 절대적으로 필요하다. 실제로 변호사는 '법원의 직원(officer of the court)'이다. 변호사는 판사의 지휘 아래 질서 있는 법원의 사무진행에 대한 책임을 함께 져야 한다. 더욱이 모든 판검사와 변호사가 수시로 교체되는 법조일원화의 체제 아래에서 변협이 해야 할 일은 많다. 어떤 변호사가 변협의 추천 없이 판검사나 그 밖의 직책에 임명되는 것은 거의 불가능하다. 만약 그가 변협에서 견책받은 일이 있다면 그것은 즉시 소비자와 법률시장에 공개되고, 변호사로서의 앞길은 극히 어두워진다. 주변협의 회장이나 이사장이 판사에 못지않은 권위와 위상을 지니고 있음은 당연한 일이다.

주변협이 의무단체인 데 반하여 지역적으로 조직된 카운티(county)나 시(city)의 변협 혹은 전국적인 규모를 가진 ABA는 변호사들의 자생적 단체이다. 특히 ABA는 1878년에 조직된 이후 변호사들의 질적 향상과 단체 이익옹호 및 법률교육에 막대한 공헌을 하였다. 19세기 말부터 변호사 시험을 필기시험으로 대체하고 법률대학원 졸업자에게만 응시자격을 주도록 제도를 바꾼 것은 ABA의 공적이다. 지금도 ABA는 인준제도를 통하여 법률대학원의 질적 향상을 꾀하는 등 꾸준히 노력하고 있다.

ABA는 미국 변호사들의 대표적 단체라 할 수 있다. 또한 대통령이 연방판사를 지명하면 그 지명자에 대하여 철저한 검증과 평가를 함으로써 상원의 인준 과정에 큰 영향력을 행사하는 것으로도 잘 알려져 있다. ABA의 주요 업무는 물론 첫째, 변호사들의 질을 향상시키고 사법부의 독립성 확보에 노력하여 미국의 헌법수호와 법치주의에 공헌하는 일이다. 따라서 ABA는 청소년, 여성, 소수민족, 정신질환과 정신박약자,

노약자, 극빈자, 고아와 과부에 대한 문제에 동정심을 가지고 접근한다. 특히 형사피고의 권리에 민감하고, 사형제도에 큰 관심을 기울이고 있다. 한편 동성연애 금지법 폐지에 앞장서고 있고 동성연애자끼리의 결혼도 반대하지 않으며, 낙태문제에도 진보적이다. 이 밖에 일반 대중에 대한 법률교육을 위하여 수많은 책자를 발행하기도 한다.

최근 특히 눈에 띄는 것은 9.11 테러 이후의 피의자 구금과 수사 과정에서, ABA가 헌법상의 권리보장을 빼앗아서는 안 된다고 소리 높여 주장하고 있는 일이다. 현재 ABA는 '미국 시민으로서 적국의 전투원(enemy combatants)'이 된 피의자에 대하여 변호사 접견권과 그 밖의 권리를 확보하기 위하여 특별활동반을 구성하고 법무성과 맹렬히 싸우고 있다.

그렇다고 ABA가 자유주의 법률가들의 소굴은 아니다. 닉슨 대통령은 ABA의 회장을 역임하였던 루이스 파월(Lewis Powell)을 대법관으로 임명하였는데, 그는 보수주의 법관으로 명성을 날렸다. ABA의 활동 중 특히 미국 법률의 체계화에 기여한 것은 미국법률재단(American Law Institute)과 합작으로 뒤죽박죽 엉킨 다양한 미국의 국내법에 동질성 혹은 통일성을 주기 위하여 '주에서 사용할 수 있는 모범적 법전(『Model codes』)' '주에서 채택할 수 있는 획일적 법전(『Uniform codes』)' '미국법에 대한 재해석(『Restatements series』)' 등을 편찬, 발간한 일이다. 이로써 여러 주의회의 부담을 크게 경감시켰을 뿐 아니라 미국법의 동질성을 크게 향상시켰다. 그 중에서도 특기

할 만한 것은 통일 상법 편찬위원단(National Commission on Uniform Commercial Code)과 협력해 '통일 상법(Uniform Commercial Code)'을 제정하고, 미국 49개 주에서 이를 채택하게 한 점이라고 할 수 있다. 이처럼 ABA의 역할은 실로 중차대하다. ABA는 현재 50만 명에 육박하는 회원을 가지고 있으며, 따라서 세계 최대의 자발적 단체라고 자랑한다.

한국의 사법개혁(1) : 변호사 양성제도의 개선책

한국의 변호사 양성제도를 '법률대학원(law school)'제도로 바꾸는 것은 이제 시대적 요청이라고 하지 않을 수 없다. 변호사 자격은 단지 하나의 면허에 불과하고 경제시장에서 자유경쟁하는 중에 국민에게 봉사하는 하나의 서비스직이란 의식전환이 필요하다. 그러기 위해서는 먼저 변호사 수를 늘려 경쟁할 수 있는 환경을 조성하여야 한다. 현재의 법과대학제도는 우선 고급인력의 낭비를 가져온다. 거의 10,000명에 이르는 전국의 졸업생 중 사법고시나 행정고시에 합격하는 극소수를 제외한 대부분의 법대졸업생은 다른 학과 졸업생보다 훨씬 더 심각한 취업경쟁에 당면한다.

현재의 제도에서는 사법시험에 응시하는 학생이 적어도 30,000명 이상이며 그 중 합격자는 1,000명 이하라고 집계되고 있다. 뿐만 아니라 이들의 시험준비는 단지 1년으로 끝나지 않고 합격 여부와 상관없이 적어도 3~4년간의 시험준비

기간을 거친다고 하니 이것은 비인도적인 차원을 넘어 거의 광증에 가까운 일이라고 하지 않을 수 없다. 이는 개인적, 국가적으로 감당하기 어려운 낭비가 아닐 수 없다. 그들 수험생들이 정신적, 육체적으로 피폐해지는 것은 어떻게 보상할 것인가? 하나의 국가가 자기 국민을 그렇게 학대해도 되는가?

교수진의 확보, 교과 과정의 편성, 법제도의 개편, 그리고 과도기에 대한 경과규정 때문에 1~2년 사이에 금방 법률대학원제도를 도입하기는 어려울지 모른다. 그러나 가급적 조속한 시일 안에 법률대학원제도를 채택해야 한다는 것은 이제 더 이상 왈가왈부할 문제도, 지연시킬 문제도 아니다. 일반대학에서 4년을 공부해 학사학위를 받은 이들 중에서 학력과 적응성을 시험하여 엄선한 학생만을 뽑아서 다시 3년의 법률전문교육을 시켜야 한다. 양국의 법률체계상 약간의 문제는 있겠지만 원칙적으로 미국의 현 'law school'제도를 그 모델로 삼으면 무방할 것이다.

생각해보면, 전문적 법률지식인인 변호사를 선발하는 데 있어서 대학의 전공과 상관없이 아무에게나 문호를 개방한다는 것 자체가 비전문가적 발상이다. 그것은 마치 의대 출신이 아닌 이에게 의사 면허를 주고 치대 출신이 아닌 자에게 치과의사 면허를 주는 것이나 마찬가지다. 더욱이 이제는 국제법률시장에서 경쟁해야 하는 시대이다. WTO체제 하에서 법률시장이 국제적으로 개방되는 것은 이제 시간문제에 불과하다. 결국 한국 변호사들의 국제경쟁력이 떨어지는 것은 현실적 문제가 아닐 수 없다. 지금도 국제적인 기업의 흡수합병, 지적 재산권 처리문제, 기타 국제적 분쟁에서 뒤떨어져 있는 것이 사실이다. 예를 들면 '국제 간의 상품판매 계약에 관한 UN협약(United Nations Convention on Contracts for the International Sale of Goods, UNCISG)'에 정통한 한국변호사가 과연 얼마나 있을까? 지금은 법률지식의 전문화와 세계화가 극히 필요한 때이며 그에 상응하는 변호사를 양성할 수 있는 곳은 법률대학원뿐이다.

그 구체적인 구상은 다음과 같다. 우선 소수의 법률대학원을 지역적으로 균형 있게 설립하고 정선된 학생만 뽑아서 집중적으로 경쟁력 있게 교육한다. 졸업 직후에 자격시험을 치르게 하고 적어도 졸업생의 2/3 정도에게 변호사 면허를 주는 방법이 합리적이다. 현재의 여건으로 보아 법률대학원 전체의 연간 졸업생 수는 4,000명 정도가 적당할 것으로 생각된다.

법률대학원을 지역적으로 안배한다는 것은 변호사와 판검사들을 지역적으로 배출함으로써 그들의 출신지에 대한 애착심을 기르고 연고지에서 근무하는 것을 장려하기 위함이다. 그렇게 함으로써 지방자치의 정신도 살릴 수 있을 것이다. 현재의 제도 아래서는 모든 변호사가 사법연수원 한 곳만을 거칠 뿐 다른 선택이 없기 때문에 지역 출신의 특성이 없고 학벌의 다양성이 있을 수도 없다. 특수교에서 경쟁 없이 교육받기 때문에 융통성이나 사회성도 없고, 도리어 엄격한 선후배 관계에 얽매이게 된다.

뿐만 아니라 국비를 사용하여 2년간 변호사 교육을 한다는 것은 형평의 원칙에도 맞지 않고, 정부 예산의 낭비라고 비난 받을 만하다. 그러한 국비교육은 오히려 검사나 판사임명 후에 3~6개월 정도 필요할 수는 있을 것이다. 지역적으로 안배된 여러 개의 법률대학원 졸업생 중에서 변호사를 뽑으면 다양성을 이룰 수 있고 법조계의 경쟁력도 향상된다. 민주주의적 법치사회를 이루기 위해서는 훨씬 더 많은 변호사가 정부의 각 부처, 공공기관, 지방자치단체, 기업체에 필요할 것이고 변호사의 직역은 거의 무한대로 넓어진다.

송무 변호사의 공급도 늘어나야 한다. 사법부의 공정한 재판을 통해 인권옹호를 보장하고 국민참여의 정신을 살리고자 한다면 소송진행에 '재판 전 증거교환(Discovery)제도'를 도입해야 함은 물론 '배심재판(jury trial)'의 필요성을 검토, 채택해야 할 것이다. 형사사건에 있어서는 피의자의 무죄추정권과 묵비권을 인정하고 피의자의 인격과 권리를 인정하는 방향으로 재판을 진행해야 한다. 피의자더러 자기의 무죄를 증거하라는 것은 국가권력의 폭거이다. 피의자에게 변호인의 조력을 받도록 하는 것은 형사소송의 기본이 되어야 한다. 이처럼 형사소송에서 개혁해야 할 점이 많고, 검찰의 피의자 수사방법도 크게 개혁되어야 할 터인데, 이 모든 것을 위해서는 지금보다 훨씬 더 많은 수의 송무 변호사가 필요하게 된다. 법률대학원에서 민주적 법치주의의 훈련을 받은 변호사가 많이 나와야 한다.

지금까지 거의 무시되어온 공익법 혹은 빈민법에 종사하는 이상주의 변호사들도 법률대학원이 배출해내야 한다. 막강한 권력을 가진 정부는 그 권력을 남용해 백성들의 자유와 권리를 유린하기 쉽다. 정부의 고압적인 탄압이나 강자의 부당한 착취로부터 약자의 권리침해를 회복하기 위하여 발로 뛰는 변호사가 출현해야 하는 것이다. 이 밖에 누구나 법률의 도움을 손쉽게 받을 수 있는 법률시장을 제공해야 하고, 또 그러한 법치사회를 이루기 위해서는 우선 법조계의 문턱이 낮아져야 한다. 약하고 가난한 자들도 변호사가 필요한 것이다. 그러기 위해서는 변호사의 수가 늘고 그들이 시장에서 경쟁하는 환경을 만들어주어야 한다. 모든 이가 법률의 보호를 고르게 받을 수 있는 법치사회를 이루기 위한 첫 출발점은 법률대학원제도의 채택이라고 확신한다.

연방정부의 법원조직과 연방판사들

연방정부의 법원조직

　미국은 1789년에 채택한 헌법에 의하여 '연방주의(federalism)' 제도를 취하고 있다. 그것은 독립적인 주권을 가진 각 주(state, 독립 당시는 13주, 현재는 50주)가 연합하여 주의 고유한 권한 중 일부를 양도함으로써 중앙정부(연방정부 혹은 미합중국정부)를 수립하였다는 뜻이다. 50개의 주와 연방정부는 서로 비슷하면서도 상당히 다른 법률제도를 가지고 있으므로, 미국에는 51개의 서로 다른 독자적인 재판관할권(jurisdiction)이 있다는 점을 먼저 이해해야 한다.

　연방정부의 사법권은 헌법 제3조 1항(미합중국의 사법권은 하나의 최고법원과 그 밖에 의회가 때때로 제정하여 설립하는 하급법원들에게 부여된다)에서 그 존립근거를 찾는다. 제3조 1항은 또 판사들의 독립을 보장하기 위하여 "최고법원이나 하급법원의 판사들은 품행이 좋은 한 그 자리를 지킬 수 있고, 정기적으로 업무에 대한 보수를 받으며, 그들이 받는 보수는 그들의 임기중에 감소되어서는 안 된다"라고 규정하여, 종신직을 보장하고 보수의 감봉을 금지하였다. 의회는 건국 후 거의 즉시 법원조직법을 통과시킴으로써 '지방법원(District Court)'이라고 불리는 제1심법원과 '순회항소법원(Circuit Court of Appeals)'이라고 불리는 항소법원(고등법원)을 설립하여 3심제도를 확립하였다.

그 후 정부의 업무수행상 법률심사행위가 증가함에 따라 헌법 제3조에 의한 법원만으로는 폭주하는 재판을 다 처리할 수 없게 되었다. 그래서 의회는 제3조에 의해 설립된 법원과는 별도로, 헌법 제1조 7항 9절의 "그 밖의 재판기관들(Tribunals)을 설립할 수 있는 권한"에 의거해 많은 재판소들을 설립하였는데, 이들은 '제3조에 의한 법원(Article III Court)'과 구분하여 '제3조 아닌 법원(Non-Article III Court)'이라고 불린다. '제3조 아닌 법원'의 판사들은 종신 임기의 혜택을 받지 못하고 의회에서 그 임기를 정하거나 제한할 수 있으며 감봉 금지의 원칙에도 해당되지 않는다.

'제3조 아닌 법원'으로는

(1) Court of Federal Claims(연방정부에 대한 민사청구권을 심판함),

(2) Court of Internationa Trade(국제무역쟁의에 대한 심판권 행사),

(3) Court of Appeals for the Armed Services(군법회의로부터의 항고사건 취급),

(4) Tax Court(연방정부와의 세금에 대한 쟁송을 취급함),

(5) Court of Veterans Appeals(군복무 후의 혜택에 관한 소송을 담당함),

(6) Immigration Court(외국인의 미국 입국과 이민에 관한 쟁의를 판결함),

(7) Bankruptcy Court(파산신청한 개인 및 법인체에 관한 처리를 담당함),

(8) Magistrate Court(형사피의자의 권리가 제대로 보장되는지 감시하는 역할과 지법판사를 보좌하는 역할)

등이 있다.

그러나 사법권을 논할 때에 중요한 것은 '제3조에 의한 법원'들이다. 사법부의 본산을 이루는 '제3조 법원'들의 체계는 다음과 같다.

(1) 제1심법원을 US District Court(미합중국 지방법원),

(2) 항소법원을 US Circuit Court of Appeals(미합중국 순회항소법원), 그리고

(3) 최종심법원을 US Supreme Court(미합중국 대법원)라
고 부른다.

미합중국 지방법원(United States District Court)

연방법원 조직상 일반관할권(general jurisdiction)을 가진 1심
법원을 지방법원이라 한다. 지방법원은 어느 주에든 최소 하
나, 인구가 많은 주에는 두세 개 혹은 네 개까지 설치되어 있
다. 각 지방법원에는 최소 두 명의 판사가 배속되어 있고, 큰
지역에는 30명 가까운 판사가 배치되어 있다. 현재 지방법원
의 수는 94개인데, 그 중 90개의 지방법원은 미국의 50개 주
에 분포되어 있고 나머지 네 개는 포르토리코(Puerto Rico), 버
진아일랜스(Virgin Islands), 괌(Guam) 및 마리아나군도(Northern
Mariana Islands)에 하나씩 설립되어 있다. 예를 들면 인구 50만
명으로 미국에서 가장 작은 주인 와이오밍(Wyoming)에는 지방
법원 하나에 지법판사 두 명이 있고, 인구 2,200만인 텍사스
주에는 지방법원이 네 개(달라스 소재 텍사스 북지구 연방지방법
원, 휴스턴에 소재한 텍사스 남지구 연방지법, 타일러에 소재한 텍
사스 동지구 연방지법, 샌 안토니오에 위치한 텍사스 서지구 연방
지법) 있고, 각 지법에는 30명 가까운 판사들이 배치되어 있다.
현재 전국을 통틀어 연방지방법원 판사들은 800명쯤 된다.

지방법원은 민사사건과 형사사건 모두에서 제1심의 재판권
을 가진다. 그러나 민사사건은 '연방법에 관련되는 문제'와 '소

송 당사자들의 주가 다른 경우' 그리고 '소송가가 최소한 7만5천 달러 이상'이라야 관할권이 생기고, 형사사건은 중죄(felony)이든 경죄(misdemeanor)이든 간에 연방형사법 위반사건이면 모두 지방법원에 재판권이 있다. 지방법원에서는 '재판 전 증거교환'제도를 엄격히 시행한다. 또한 판사들의 소송 통제력이 강하기 때문에 지법에 접수된 수많은 사건 중 민사사건은 대부분 '당사자 간 해결(settlement)' '중재(mediation)' 혹은 '조정(arbitration)' 등으로 해결되고, 대부분의 형사사건은 '유죄인정 형량흥정(plea bargain)'으로 끝난다. 따라서 실제로 재판에 이르는 사건은 처음 접수된 사건들의 5% 내외밖에 되지 않는다.

재판에 이르는 사건은 민·형사사건 모두 원칙적으로 배심재판에 의해 진행된다. 배심재판이란 1심재판에서 소송사건이 있을 때마다 일반인들 중 12명 혹은 6명의 재판원(배심원)을 선발하여 그 배심원으로 하여금 소송사건을 심판하게 하는 제도이다. 형사사건에서 배심재판은 유죄판결을 받아내기 위해 불합리할 정도로 형사피의자를 쥐어짜는 검사들의 지나친 행위를 억제하고 피의자의 인권을 보장하기 위하여 필요한 제도이다. 또, 민사사건에 있어서는 일신의 안위에만 집착하여 너무 소극적인 재판진행을 일삼는 세상물정에 어두운 판사를 대신하여 일반 서민의 건전한 상식적 판단을 제시해주는 역할을 한다. 소송 당사자가 배심재판을 받을 권리는 연방헌법이 보장하고 있는 국민의 기본권 중 하나이다.

현재 지방법원에 접수되는 민사사건은 전국적으로 약 3십만 건에 달하고 형사사건은 약 5만 건에 달한다. 때로는 극소수의 경우이지만 소송 당사자의 요구에 의하여 '판사에 의한 재판(bench trial)'이 진행되기도 한다. 그러나 이 경우에는 반드시 양측 당사자들의 합의가 있어야 한다. 지방법원에 속하는 재판권 중 중요한 것은 '인신구속 적부심(writ of habeas corpus)'이다. 이는 억울하게 감옥에 갇혀 있다고 생각하는 당사자가 감옥소장이나 경찰서장, 보안관, 형무소장 등을 상대로 내는 소송인데, 신청인(petitioner)은 자기가 불법으로 감금되어 있으니 즉시 구금상태를 해제해달라고 판사에게 요청하게 된다. 이것은 연방헌법 제1조 9항에 규정된 기본적 권리로서 인권옹호의 근간을 이루는 중요한 소송제도이다.

지법판사들을 보조하기 위해서 의회는 파산법정(bankruptcy court)의 판사와 보조판사(magistrate judges) 등 '제3조 아닌 판사'들을 임명해주고 있다. 파산법정은 문자 그대로 파산신청이 있을 때에 채무의 탕감을 명령하는 법정이다. 파산법에는 '파산신청을 하였음을 이유로 파산신청자를 차별대우해서는 안 된다'고 하는 조항이 있어서 파산신청자가 불평등한 대우를 받지 않도록 보호해주고 있다. 보조판사의 주요 임무는 형사피의자에 대한 경찰의 체포행위가 타당하였는가를 결정하고, 경찰이 체포영장을 신청하였을 때 그것을 심사하고 영장을 발부하는 것이지만, 그 밖에 지법판사를 보조하는 역할도 한다.

미합중국 항소법원(United States Court of Appeals)

연방법원제도의 항소법원(혹은 고등법원)을 'United States Circuit Court of Appeals'라고 부르는데 지법으로부터의 모든 항소사건이 여기로 올라온다. 소송사건들 중 대부분의 경우 항소하는 일은 여기서 끝난다. 연방법원의 조직은 이론상으로는 3심제도이지만 실제로 대법원에서 상고를 받아주는 케이스는 연간 120건 정도밖에 되지 않기 때문이다. 항소법원은 미국 전체를 열두 지역으로 나누어 한 지역에 하나씩 설치되어 있다. 그렇게 나눈 각 지역을 '순회지구(circuit)'라 부른다. 이것은 원래 옛날 '순회목사(circuit rider)'라고 불리던 목사들처럼 항소법원 판사들이 자기 관할구역 내의 각 지역을 '순회'하는 여행을 하면서 재판을 했기 때문에 붙여진 명칭이다. 11개 순회지구는 전국적으로 나뉘어 있고 와싱튼(Washington D.C.)에는 별도로 12번째 순회지구 항소법원이 있다.

12개의 항소법원은 각기 자기 순회지구에 위치한 지방법원으로부터 올라오는 모든 민사 및 형사재판의 항소사건들을 심판한다. 제2심 항소만 다루는 이들 항소법원에서는 3인 합의부로 심판하는데, 사실심리는 하지 않고 법률심사만 한다. 따라서 증인이 다시 출두할 필요도 없고 사실에 관한 증거는 청취하지도 않는다. 그들은 다만 제1심의 재판기록과 양쪽 변호사가 제출한 '항소이유서(brief)'를 검토하고, 각기 15분에 걸친 양쪽 변호사의 구두변론(oral argument)만을 청취한다.

항소법원은 1심판사가 오류를 범한 것이 있나 없나만 고려
하여 3인 판사의 과반수로 판결한다. 재미있는 것은 항소법원
도 전원 합의부(En banc)의 판결을 하는 경우가 있다는 점이다.
이것은 매우 드문 경우에 속하지만, 사건이 매우 중요할 시에
는 3인 합의부에서 패소한 쪽의 신청에 의하여 항소법원 판사
전원이 참석하는 전원 합의부의 판단으로 재심할 수 있다. 그
러나 항소법원은 하급법원의 사실판단은 물론이고, 웬만하면
하급법원의 법률적용을 존중하는 경향이 있다. 따라서 '분명
히 잘못된 판결'이거나 '상당한 증거에 의하여 확인되지 않은
경우' 혹은 '근거 없는 자의적인 판단'을 제외하고, 번복하는
경우는 극소수에 불과하다.

12개 항소법원의 소재지와 관할지역을 보면 다음과 같다.

항소법원 명칭	소재지	관할지역(states)
First Circuit	보스턴(Boston)	메인, 매사추세쓰, 뉴햄프셔, 로드아일랜드, 포르토리코
Second Circuit	뉴욕시(New York City)	카네티커트, 뉴욕, 버만트
Third Circuit	필라델피아 (Philadelphia)	델라웨어, 뉴저지, 펜슬베이니아, 버진아일랜스
Fourth Circuit	리치몬드(Richmond)	메릴랜드, N.케롤라이나, S.캐롤라이나, 버지니아
Fifth Circuit	뉴올리언스 (New Orleans)	루이지애나, 미시시피, 텍사스
Sixth Circuit	신시내티(Cincinnati)	켄터키, 미시건, 오하이오, 테너시
Seventh Circuit	시카고(Chicago)	일리노이, 인디애나, 위스칸신
Eighth Circuit	세인트루이스 (St. Louis)	알칸사, 아이오와, 미네소타, 미주리, 네브라스카, 노스다

		코타, 사우스다코타
Ninth Circuit	샌프란시스코 (San Francisco)	알래스카, 아리조나, 캘리포니아, 괌, 하와이, 아이다호, 몬타나, 네바다, 오레건, 와싱튼
Tenth Circuit	덴버(Denver)	콜로라도, 캔사스, 뉴멕시코, 오클라호마, 유타, 와이오밍
Eleventh Circuit	애틀란타(Atlanta)	앨라배마, 플로리다, 조지아
D.C. Circuit	와싱튼 D.C (Washington D.C)	와싱튼 D.C.

미합중국 대법원(United States Supreme Court)

연방대법원은 옛날에는 '정부의 3부 중 가장 약하고 제일 위험하지 않은 가지(the weakest and least dangerous of the three branches of the government)'라는 별명을 들었지만 현재는 행정부나 의회의 권위를 초과할 만한 힘과 영향력을 가지고 있다. 2000년 대통령 선거에서는 부시 대 고어 사건(Bush v. Gore, US, 2000)을 통해 국민 전체의 투표수에서 패배하였던 부시에게 승리를 안겨다주었고, 미국인들은 큰 불평 없이 그 결정을 받아들였다. 와싱튼 D.C.에 위치한 대법원은 9명의 대법관으로 구성되어 있고 전원 합의제로 심판하며 과반수 찬성으로 판결을 내린다. 원칙적으로 상고사건만 심판하지만 헌법상 두세 가지 경우에는 제1심의 역할을 행사할 수도 있다.

헌법에 명문규정이 전무함에도 불구하고 일찍이 쟌 마샬(John Marshall) 대법원장은 마베리 판결(Marbury v. Madison, US, 1803)에서 법원은 법률위헌심사권을 가진다고 선언하였다. 그

후 그의 선언은 완전히 헌법적인 권위를 갖게 되었다. 헌법 제6
조는 주헌법이나 주법률에 대한 연방법의 우위를 명문으로 규
정하고 있다. 주대법원의 최종판결이라도 연방법률이나 연방헌
법상의 문제가 있을 때에는 연방대법원이 항소권을 행사한다
는 원칙을 확립하였던 것은 마틴 판결(Martin v. Hunter's Lessee,
US, 1816)이었다. 이어 맥컬라크 판결(Mcculloch v. Maryland,
US, 1819)에서 연방대법원은 '필요하고도 적절한(necessary and
proper)' 권리 조항에 의하여 연방의회가 입법한 법률은 주정
부의 권한을 제한할 수 있다고 선언하였다. 이러한 일련의 케
이스를 통하여 대법원은 스스로의 권한을 확대하고 '법률심사
권(judicial review)'과 '연방법 우위(federal supremacy)'의 원칙을
확립하였다.

연방항소법원의 결정에 불복하거나 혹은 주최고법원의 판
결에 불복하는 사건 중 연방헌법이나 연방법률에 관련되는 법
적 문제가 있을 경우, 한쪽 당사자의 청원에 의하여 상고가 이
루어진다. 그러한 상고를 '상고청원서(petition for certiorari)'라
고 하며 대법원은 연간 1만 건 가까운 상고청원서 중 약 120
건에 대해서만 '상고허가(writ of certiorari)'를 인정하고 그 120
건에 대해서만 심판한다. '상고허가'는 적어도 네 명의 대법관
이 찬성해야 하며 따라서 이것을 '4인의 법칙(Rule of Four)'이
라고 부른다.

대법원에 재판연구관이라는 판사직은 없지만, 대법관은 1
인당 각기 세 명 내지 다섯 명의 법률연구원(law clerk)을 채용

할 수 있다. 법률연구원은 대법관을 도와 법률에 대한 연구를 하고 판결문 작성에 기여하는데, 그들은 법률대학원을 1, 2등으로 갓 졸업하고 법률연구에 가장 날카로운 두뇌를 가진 젊은이들로 충원된다. 비록 보수는 많지 않지만, 그들은 대부분 하버드, 예일, 시카고, 컬럼비아, 펜슬베이니아, 스탠퍼드 등 일류 법률대학원 출신의 엘리트 변호사들이다. 그들은 대개 2~3년 안에 그 자리를 떠나는데 대형 법률회사에 채용되어 최고의 대접을 받거나 혹은 법학교수로 선발되어 가는 수가 많다. 대법관의 법률연구원으로 근무한 경력은 변호사의 이력서에 평생 훈장처럼 따라다닌다.

대법원은 항소법원에서와 마찬가지로 하급심 재판기록과 상고이유서를 검토한 다음 양쪽 변호사로부터 15분간씩의 구두변론을 들은 후 판결을 내린다. 재판 당사자 아닌 제3의 인물들이 자기에게 유리하거나 지지하는 쪽에 유리한 판결을 내려달라고 요청하는 '변론서(brief)'를 제출할 수 있는데 그것을 'Amicus Curiae(법원의 친구로서 제출한 변론서)'라고 한다. 구두변론을 거친 사건들은 다시 매주 한 번씩 열리는 대법관회의에서의 토론과 투표를 거친다. 그리고 9명의 판사들끼리 서로 다수를 획득하기 위하여 치열한 경쟁을 한 후, 과반수의 의견을 대법원 판결로 발표한다. 실제로 대법관들은 다수결에 도달하기 위하여 끈질긴 협상과 흥정을 하는 것으로 알려져 있다. 대법관 9명은 모두 너무나 독립적인 법률이론과 확고한 철학 그리고 강한 자존심의 소유자들이기 때문에 5 : 4의 다수결에 이르는 것이 결코 쉽지 않다. 때로는 대법관회의에서의 투표결과라도 다수의견 집필자의 한 구절 때문에 입장을 바꾸는 대법관이 있고 그것 때문에 5 : 4의 다수결이 반대로 번복되는 경우도 자주 있다.[4]

대법원은 판결과 더불어 그 사건의 법률적 분석에 대한 판결이유문을 발표하는데 그것은 지방법원이나 항소법원의 판사들에게 법률해석의 방향을 알려줌과 동시에 모든 변호사들의 법률활동에 길잡이 역할을 해주기 위함이다. 그러나 대법원 판결 중 9명 판사 전원일치의 판결문은 거의 없고, 대개는 '다수의견(majority opinion)'에 대하여 '동의의견(concurring opinion)' 혹은 '소수의견(dissenting opinion)'이 있기 마련이다. 영미법체계에서는 최고법원이나 항소법원의 선판례를 의회의 실정법만큼 존중하는 '선판례 존중(stare decisis)'이라는 원칙이 있다. 판례는 법률의 효력을 가지며 그것을 번복하기를 좋아하지 않는 것이 원칙이다. 그렇지만 법률과 판결은 결코 시대에 뒤떨어진 죽은 문서가 되지 않기 위해서 끊임없이 변하고 있으며, '선판례 존중'의 원칙에도 불구하고 때로는 어제의 소수의견이 오늘의 다수의견으로 변하는 수도 적지 않다.

사실은 이러한 대법원의 선판례 번복을 통하여 미국의 법률은 진보, 발전한다고 할 수 있다. 예를 들면 흑백인종의 통합교육에 관하여 플레씨 판결(Plessy v. Ferguson, US, 1896)에서는 '분리되었지만 평등할 수 있음(separate but equal)'이라는 이론을 원용하여 흑백아동의 분리교육을 합헌이라 판결하였지만,

1954년의 역사적인 브라운 판결(Brown v. Board of Education, Topeka, Kansas, US, 1954)은 플레씨 판결을 번복하여 '분리되었지만 평등할 수 있음' 이론을 퇴출하고 '분리하면 원천적으로 불평등함(separate is inherently unequal)'이라는 원칙을 확립했으며, 그에 의하여 흑백아동의 분리교육에 위헌판결을 내렸다. 때로는 세간의 여론 때문에 판례를 번복하는 경우도 있는데, 예를 들면 사형제도를 위헌이라고 판결하였던 퍼만 판결(Furman v. Georgia, US, 1972)은 겨우 4년 후 그레그 판결(Gregg v. Georgia, US, 1976)에 의하여 번복되고 대법원은 사형제도를 법적으로 부활시켰다.

선판례의 폐기가 특히 많았던 것은 1960년대 얼 와른(Earl Warren)이 대법원장으로 재임중이던 소위 와른 대법원 기간이었는데, 약 10년 사이에 29개의 케이스가 번복되었다. 그 중 26개의 케이스는 형사피의자의 권리를 확보하기 위한 것이었다. 실로 1960년대는 미국 사법부의 역사상 가장 진보주의적인 시대였는데 대법원의 판결을 통하여 정부의 권력을 축소하고 개인의 자유와 권리를 크게 신장한 자유주의적 법해석의 기초를 마련한 시기였다. 그 법률적 근거는 소위 '흡수의 원칙(incorporation doctrine)'에 의한 헌법해석이었는데, 그것은 연방헌법상의 모든 개인의 자유와 권리(특히 수정 제1조부터 제8조까지에 규정된 자유와 권리)는 수정조항 제14조의 '적법절차(due process of law)' 규정에 의하여 모든 주정부에 적용되고 주정부를 구속한다고 하는 원칙이었다.

그러한 진보적 헌법해석의 결과로 모든 국민은 여러 권리들(예를 들면 불법 체포와 수색을 당하지 아니할 권리, 불법으로 수집된 증거의 배제원칙, 변호사의 도움을 받을 수 있는 권리, 배심재판의 절대적 권리, 묵비권과 자기에게 불리한 증언을 거부할 권리, 이중위험 금지조항, 형사피의자의 무죄추정원칙, 적법절차에 의한 형사피의자의 재판상 권리들, 반대신문의 권리와 증인소환에 관한 권리, 과중한 보석금을 내지 않고 석방되며 불구속된 상태에서 재판을 받을 권리 등)을 헌법적으로 보장받게 되었고, 반면모든 주정부는 헌법상의 이런 권리들을 모든 국민에게 보장해야 할 의무를 지게 되었던 것이다. 이런 진보적 헌법해석에 대해서는 지금껏 만만치 않은 반대가 있어온 것이 사실이고 대법원의 구성원이 달라짐에 따라 수정될 가능성도 충분히 있다. 실제로 1980년대 이후 윌리엄 렌퀴스트(William Rehnquist) 대법원은 보수주의의 길로 방향을 전환하고 있음을 부인할 수 없다.

이것은 대법원이 단순히 소송 당사자들을 위하여 하급심의 옳고 그름만을 심판하는 것을 넘어서, 궁극적 법률해석을 하며 국가의 중대한 정책을 결정하는 정책법원임을 보여준다. 대법원은 법률심사권을 통하여 정책법원이라는 중대한 임무를 수행하는 것이고, 대법원의 판사들은 당연히 막중한 짐을 지고 있다. 따라서 대법원 판사 개개인의 가치관, 철학, 세계관에 의하여 대법원 판결의 방향이 달라지는 것은 어찌할 수 없는 일이다.

헌법을 해석함에 있어서는 첫째 '어구의 자명한 의미(plain meaning approach)'에 의거하지만 만약 그것만으로 불충분할 때에는 '입법 의도(legislative intent)'를 규명해야 한다. 하지만 그렇게 한 다음에도 의미가 불분명하거나 시대와 상황이 변했다면 어떻게 할 것인가? 때로는 헌법의 규정이 구체적으로 무엇을 뜻하는지 알아내기 힘들 수도 있다. 혹은 헌법에 아예 규정이 없는 사항도 있고, 때로는 헌법해석에 복수의견이 가능한 경우도 많다. 한 걸음 더 나아가서 변화된 시대와 상황에 맞추어 헌법을 어떻게 적용해나갈 것인가? 헌법은 과연 절대 불변의 공룡인가, 아니면 그것은 시대와 상황에 따라 새로운 해석을 요구하는 살아 있는 문서인가? 하는 문제들이 충분히 있을 수 있다. 여기서 '사법 진보주의(judicial liberalism)'와 '보수주의(conservatism)'의 구분이 생기고, '사법 적극주의(judicial activism)'와 '사법부에 의한 법률 만들기(judicial law-making)'가 바람직한 방향인가? 아니면 '협의적 해석(strict construction)'에 집착하는 '사법부의 자제(judicial restraint)'가 옳은 방향인가? 하는 문제가 발생한다.5)

실제로 와른 대법원의 진보적 법률적용과 형사피의자에 대한 권리보장을 번복하거나 폐기하고자 했던 노력은 거의 필사적이었다. 닉슨 대통령이 임명한 버거(Warren Burger) 대법원과 레이건 대통령이 임명했던 렌퀴스트 대법원은 와른 대법원의 선판례를 번복하고자 무척 노력하였다. 그 결과 형사피고에 대한 헌법상의 보호막에 많은 구멍이 뚫린 것이 사실이다. 예

를 들면 '선의에 의한 과오(good-faith reliance)'라면 불법 증거
라도 채택할 수 있다고 판단하였다. 이로 인해 저공비행하는
경찰 헬리콥터에서 관찰한, 온실에서 재배되는 마리화나가 증
거로 채택되었다. 검찰증인에 대한 피고측의 반대신문권은 축
소되었고, 이중위험 금지의 원칙은 조금씩 잠식되었다. 미란다
(Miranda) 경고를 주지 않았을 때에도 자백 증거를 채택할 수
있는 경우가 늘어났고, 경찰이 노상에서 혐의자를 불심검문할
수 있는 권리도 크게 확대되었다. 사형수에 대한 법률적 보호
역시 크게 축소되었고 그 결과로 1980년대 이후에는 미국 전
체에서 사형 집행이 크게 늘어났다. 그러나 한 가지 다행스러
운 것은 아직도 절대적 보수주의 판사가 확고한 5인의 다수를
점하지 못하고 있다는 사실이다. 현재 렌퀴스트(Rehnquist), 스
캘리아(Antonin Scalia), 타머스(Clarence Thomas) 대법관 세 명은
확고부동한 보수주의자이지만, 케너디(Anthony Kennedy), 오카
너(Sandra Day O'Connor), 수터(David Souter) 대법관 세 명은 유
동표(swing votes)로 알려져 있다. 따라서 아직도 와른 대법원의
진보적 헌법해석이 송두리째 폐기되지는 않았고, 그 대부분은
여전히 기본틀을 그대로 유지하고 있다 할 수 있다.

　일견 대법원은 무소불위의 권한을 가지고 있는 것처럼 보인
다. 그러나 그것은 헌법상의 '견제와 균형(checks and balances)'
의 원칙에 의하여 제한을 받기도 한다. 예를 들면 헌법 제3조
에서 "사법부는 오직 소송과 분쟁이 있을 경우에만 재판권을
행사할 수 있다"고 규정하였기 때문에 여기서 '재판권 행사

가능성(justiciability)'의 문제가 나온다. 대법원은 물론 모든 연방법원은 분쟁하는 당사자가 없을 경우에 질의응답식으로 질문에 대답하는 '조언적 의견(advisory opinion)'을 내줄 수 없고, 소송 당사자들의 자격에 문제가 있을 경우에는 '당사자 적격(standing)' '소송의 적시성(ripeness)' '소익 부존재(mootness)' 등의 이유로 재판권을 행사할 수 없다.

대법원은 3권분립의 원칙에 의하여 직무 담당자가 분명한 '정치적 사안(political questions)'일 경우에는 행정부나 입법부의 권위를 존중하여 재판권을 행사하지 않는다. 그러나 재판 당사자들의 법적 권리의 한계를 정해주는 '선언적 재판(declaratory action)'에는 재판권을 행사한다. 만약 주법률이 연방법률이나 연방헌법과 상치하는가의 여부가 문제가 될 때에는 재판권을 행사할 수 있지만, 연방헌법이나 연방법률과 상관없이 오직 주법률상의 문제일 때에는 물론 재판권을 행사할 수 없다. 그리고 '다른 주 주민 사이의 소송(diversity of citizenship case)'사건을 재판할 경우, 소송 절차에는 연방법률을 적용하지만 실체법은 주법률에 의하여 재판하여야 한다.

연방판사들의 임명, 보수, 승진, 탄핵, 퇴임

전술한 대로 '제3조 법원'의 판사들은 종신 임기로 임명되고 임기중 보수의 삭감을 받지 않을 권리가 있다. 헌법 제2조 2항 2절에 의하여 대통령은 '상원의 권고와 동의를 받아서(by and with the advice and consent of the Senate)' 대법원의 판사들을 임명한다. 항소법원 및 지방법원의 판사들 역시 법률에 의하여 동일한 방법으로 임명하게 되어 있다. 정치나 여론의 영향을 받지 않고 독립하여 재판할 수 있도록 선거제 아닌 임명제에다 종신 임기의 혜택을 부여한 것이다. 대법원의 판사들은 80세가 넘도록 현직에 머물거나 재임중 사망하는 일이 많이 있으나, 지법과 고법의 판사들은 이제는 70세에 이르면 '상급상태(senior status)'를 가지고 은퇴할 수 있다. 이러한 경우에는 파트타임으로 집무하면서 봉급은 전액을 받는다.

연방판사들의 보수는 현재 어느 수준인가? 해마다 연초에 대법원장 렌퀴스트는 사법부의 현황을 의회에 보고하는데 그때마다 판사의 봉급을 인상하여달라고 호소한다. 연방공무원의 봉급은 해마다 물가상승 계정에 의하여 조금씩 올라가지만 2003년의 경우에는 다음과 같았다.

대법원장	$198,600	대법관	$190,100
고법판사	$164,000	지법판사	$154,700

원칙적으로 연방판사들은 이 봉급 이외의 보수는 일체 받지 못하게 되어 있지만, 다만 법학강의를 통한 연간 2만1천 달러까지의 수입은 허용된다. 연방판사급의 변호사가 판사를 사임하고 영리를 목적으로 취업한다면 연간 최소 5십만 달러 이상의 수입이 가능하다는 것은 의심할 여지가 없다.

참고로 연방정부의 행정부나 의회의 보수를 비교하면 다음과 같다.

대통령	$400,000		국회의장	$198,600
부통령	$198,600		원내 당대표 (및 상원 임시의장)	$171,900
각 부의 장관	$161,200		상원, 하원의원	$154,700

정치의 외풍을 받지 않길 원했던 제헌의회의 의도는 그대로 자리잡지 못하고, 결국 판사는 매우 정치적인 자리로 타락하였다. 그것은 아무래도 자기를 임명한 대통령의 정당이나 정치이념에서 완전히 벗어날 수 없는 인간적 약점 때문일 것이다. 우선 지명권이 있는 대통령과의 친분이나 정치적 접촉이 없었다면 처음부터 판사직에 추천되어 상원에 동의요청을 청구하는 편에 들지도 못하였을 것이다. 특히 지난 30년간은 대통령과 상원의 다수당이 같은 정당이 아닐 경우 판사 지명자의 상원 인준이 극히 어려웠던 것이 항다반사였다. 쟌슨(Lyndon B. Johnson), 카터(Jim Carter), 클린턴(Bill Clinton) 등 민주당 출신 대통령은 여성, 흑인 혹은 멕시칸계의 진보주의자들을 판사에 임명하였고, 닉슨(Richard Nixon), 레이건(Ronald Reagan), 부시(George Bush 1세) 등 공화당 출신 대통령이 임명한 판사는 대체로 보수주의적인 백인 남성이었던 것은 잘 알려져 있는 사실이다. 이것은 대법원에서도 예외가 아니다.

지법이나 고법판사의 경우에는 사망, 사임, 은퇴에 의하여 공석이 생기고 때로는 의회에서 판사들의 수를 증원함에 따라 자리가 생기기도 한다. 연간 평균 50명 정도의 새로운 판사가 요구된다. 판사의 공석이 생기면 주로 백악관과 법무성이 중심이 되어 지명자를 물색하는데 그 법원이 소재한 주의 대통령 소속 정당에서 예비심사를 맡는 것이 보통이다. 그들은 대개 비공식적인 판사추천위원회를 구성하여 후보자를 물색한다. 판사 후보는 변호사로서 10년 이상의 경력만 있으면 된다. 현직 주법원이나 연방의 다른 법원 판사이든 변호사이든 검사이든 법학교수이든 국회의원이든 혹은 다른 어느 직장에 있든지 상관없다. 물론 판사경력이라면 더할 나위 없이 좋겠지만 송무 변호사의 실력이 판사보다 못하다고 할 수는 없다. 무엇보다도 대통령이 피추천자를 받아줄 수 있겠는가 하는 고려가 더 중요할 수 있다. 따라서 대통령 소속 정당에서 열심히 활동한 변호사가 제일 유리할 수 있으며, 처음부터 정치적 고려가 중요한 요소로 등장한다.[6]

물론 아무리 정치적 배경이 좋더라도 너무나 실력이 없으면 어려운 일이다. ABA에는 15명으로 구성된 연방판사평가위원회(Committee on Federal Judiciary)가 있는데, 이 위원회는 후보자를 면밀히 검증한 다음 '충분한 자격 있음(Well qualified)' '자격 있음(Qualified)' 혹은 '자격 없음(Not qualified)'의 평점을 내린다. '자격 없음'이라는 평점을 받은 지명자는 상원의 법사위원회를 통과할 가능성이 거의 없다. 법사위에서 통과

되지 못한다면 상원 본회의에서 통과하기는 더욱 어려울 것이다. 만약 대통령의 지명자가 너무 마음에 들지 않으면 법사위에 상정조차 되지 못하고 회기 종료와 함께 사장될 수도 있다.

연방판사를 타의에 의해서 물러나게 하려면 의회에서의 탄핵을 통하는 길말고는 다른 방법이 없다. 탄핵의 근거는 헌법 제2조 4항에 의하여 '반역, 수뢰, 기타 중죄와 불법행위(treason, bribery, or other high crimes and misdemeanors)'에 한정되어 있다. 탄핵은 하원의 다수결에 의하여 소추되고 상원에서 2/3 이상의 동의가 있으면 가능하다. 1789년 독립 이후 하원에서 탄핵이 소추되었던 것은 13명의 판사에 불과하고, 이 중 상원 심판에서 퇴임을 판결받았던 것은 7명에 불과하다. 그러나 1980년 이후에는 의회가 판사 복무규정을 마련하여 연방판사에 대한 '징계'를 가능케 하였다. 만약 판사에 대한 불평이 접수되면 그 지역의 고등법원장이 의장이 되고 판사들만으로 구성된 징계위원회를 구성한다. 징계위는 퇴임에 이르지 않는 징계를 할 수 있다. 징계위가 꼭 해임이 필요하다고 결정한 경우에는 하원에 탄핵의 소추를 요청할 수 있게 하였다.

놀라운 것은 임명 과정에서 보이는 그러한 정치성에도 불구하고 일단 판사에 취임하면 사람이 완전히 바뀌는 것처럼 대부분은 충실하고 존경받는 판사가 된다는 점이다. 판사의 자질을 평가하는 기준은 대개 법률에 대한 지식, 법률의 정확한 적용, 공정한 재판진행, 판사로서의 인격(도덕성과 윤리적 완전성, 겸손, 인내, 소송 당사자에 대한 동정심, 결단력)이라고 할 수 있다. 판사는 소송 당사자와 법원 구성원 모두, 나아가 사회 전체의 신임과 존경을 받아야 한다. 원래 연방법원은 힘도 없고 담당사건도 보잘것없이 미미하게 시작하였지만 오늘날의 결과는 매우 창대하여 강력한 권위 속에서 국민의 신뢰와 존경을 받고 있다. 그것은 실로 판사들의 인격, 자격, 솔선수범에 따른 것으로, 이것이야말로 미국이 신으로부터 받은 축복 중 하나가 아닌가 생각될 지경이다.

연방판사에게는 승진이라고 하는 개념이 없다. 한번 판사에 취임하면 평생 그 자리를 지키는 것이지, 지법판사가 고법판사로 승진하고 고법부장이 지법원장으로 승진하는 식의 승진제도는 존재하지 않는다. 때로는 대통령이 지법판사를 고법판사로 혹은 고법판사를 대법관으로 지명하는 수는 있지만, 이것은 한국에서 말하는 승진의 개념과는 전혀 다르다.

판사가 사임하거나 은퇴하고자 할 때에는 다시 정치성이 나타난다. 판사는 흔히 자기 정당에 속하는 대통령이 백악관을 차지하고 있을 때에 사표를 내는 것이 관례이다. 이것은 대통령이 자기 정당에 속하는 변호사를 다음 판사로 임명해주기를 기대하는 행위이다. 대통령의 정치적 성향에 따라 판사 지명자의 프로필이 달라지는 것은 당연한 일이다. 사법부는 정치와 여론으로부터 독립해야 한다는 대전제에도 불구하고, 연방판사의 추천, 지명, 인준, 임명과 퇴임에 이르기까지 정치와 사법은 십자가처럼 교차로에서 정면으로 만나는 것이다. 그러나 이와 같은 상황에도 불구하고 지금까지의 연방사법부는 성공의 역사였다고 장담할 수 있다.

대법원 판사의 임명 절차

대법관의 임명 과정은 하급 연방법원 판사의 경우와 크게 다르지 않다. 다만 대법원의 중요성 때문에 대법관을 지명하는 것은 대통령이 결정하는 사안 중에서도 극히 중요한 위치를 차지한다. 대통령은 자리를 떠날지라도 대법관은 계속하여 20년, 30년 혹은 더 오랫동안 국가정책 결정에 참여하기 때문이다. 따라서 위에 언급한 연방판사들의 임명 절차와 비슷하면서도 그와는 비교할 수 없을 정도의 세밀함, 엄격함, 까다로움이 따른다. 1789년 건국 이후 144명에 이르는 대법관 지명자 중에서 상원은 30명의 인준을 거부하고 114명만을 인준하였다.

대법관의 평균적인 프로필을 보면 임명될 당시의 평균 연령이 50-55세인 백인 신교도가 절대 다수이고, 중상류계급이나 상류계급으로 미국 국내에서 출생하였으며, 정치적으로 유력한 부모를 가지고 있다. 또, 명문 법률대학원의 졸업자로서, 판사, 법학교수 혹은 정부 고위직으로 근무하였으며, 인구가 많은 큰 주의 출신이라고 할 수 있다.

9명의 대법관을 다양화하고자 하는 노력은 건국 초기부터 나타났다. 처음에는 대법관들의 출신을 지역적으로 다양화하는 것이 고작이었지만, 1836년에 잭슨(Andrew Jackson) 대통령이 캐톨릭교도인 라저 토늬(Roger Taney)를 대법원장에 임명함으로써 처음으로 종교적 다양성을 성취하였다. 윌슨(Woodrow Wilson) 대통령은 1916년에 루이스 브랜다이스(Louis Brandeis)를 최초의 유대인 대법관으로 임명하였다. 1967년에 쟌슨 대통령은 최초의 흑인 대법관인 더구우드 마샬(Thurgwood Marshal)을 임명하였고, 레이건 대통령은 1981년에 최초의 여성 대법관 오카너를 임명하였다. 1986년에 역시 레이건에 의하여 임명되었던 스캘리아 대법관은 최초의 이태리계 대법관이었다.

이러한 종교, 인종 그리고 성별에 따른 다양성을 고려한 결과 지금은 '캐톨릭 대법관석(Catholic seat)' '유대인 대법관석(Jewish seat)' '흑인 대법관석(Black seat)' '여성 대법관석(Woman seat)' 등이 건재하고 있다. 현재 9명의 대법관 중 스캘리아와 케너디(Anthony Kennedy)는 캐톨릭 대법관석을, 긴스버그(Ruth Bader Ginsburg)와 브라이어(Stephen Breyer)는 유대인석을, 타머스(Clarence Thomas)는 흑인 대법관석을, 그리고 오카너와 긴스버그는 여성 대법관석을 대표한다.

최초의 흑인 대법관석은 쟌슨 대통령에 의하여 1967년에 더그우드 마샬로 임명되었다. 그 당시 마샬의 지명은 대체로 시의적절한 선택이었다고 인정되었다. 그럼에도 불구하고 그가 상원인준을 거치는 과정에서 어떤 일이 있었던가를 보면 다음과 같다. 1) 대통령이 일일이 상원 법사위 위원들에게 전화를 걸어 마샬의 인준을 부탁하였다. 2) 언론기자들에게는 마샬이 흑인임을 전혀 언급하지 않고 법률적으로 가장 우수한 적격자라는 점, 법과 질서를 적극 지지하는 판사라는 점만 강조하여 발표하였다. 3) 반대자들은 마샬이 '자격 부족이고 게으르며, 너무나 자유주의적'이라고 공격하였다. 4) 2개월이 지나도록 법사위는 청문회를 시작하지 않았다. 5) 그 사이에 FBI와 법사위의 조사관들은 마샬의 변호사 시절 기록과 판결문, 그의 음주벽, 그가 아내 이외에 다른 어떤 여자와 잠을 잤는가 하는 문제 등 그의 사생활을 샅샅이 조사하였다. 6) FBI 국장 후버(Edgar Hoover)는 그의 공산당 경력 여부를 체크하였다. 7) 어떤 상원의원은 그가 백인혐오주의자인가 여부를 확인하였다. 8) 어떤 의원은 그의 법률적 집필문을 낱낱이 평가하여 그가 3류 변호사인가 여부를 확인하였다. 이것은 하나의 예에 불과하지만 다른 대법관 지명자의 경우에도 크게 다르지 않다.

기라성처럼 수많은 미국의 일류 변호사들 중 9명의 대법관에 선발되는 행운은 과연 누가 어떻게 차지하는가? 건국 후 현재까지 215년 사이에 대법원장 혹은 대법관이라는 영광의 자리를 차지한 사람은 통틀어 114명의 변호사들에 불과하다. 누가 대법관에 선발되는가를 한마디로 대답할 수는 없다. 거기에는 1) 변호사로서의 전국적인 명성 2) 대통령과의 특별한 우정 3) 대통령과의 이념적, 사상적 근접성 4) 대통령 선거전을 위한 정치적 고려 5) 지리적, 종교적, 인종적 혹은 성별적인 대표성 등등 여러 가지 요인들이 있을 수 있는 것이다. 그러나 결론적으로 그것은 다른 모든 인간사와 마찬가지로 '운

명' 혹은 '행운의 여신'의 장난이 아닌가 생각된다.

　이에 대하여 최초의 여성 대법관인 오카너 대법관은 스스로 이렇게 고백한 바 있다.

　　대법관에 누가 선발되는가에 대해서는 여러 가지 상상적인 척도가 있을 수 있겠다. 하지만 최종적으로 누가 대법관에 임명되는가에 대하여 피임명자의 입장에서 생각하면 아무래도 '옳은 시기에 옳은 자리에 있었던 옳은 사람(the right person in the right spot at the right time)'이 아닌가 생각된다. 한마디로 말해 피임명자는 행운이 있어야 한다. 나의 임명은 분명히 그러한 경우였다.

　놀라운 사실은 대법관들이 꼭 자기를 임명한 대통령의 정치적 견해를 따르지만은 않는다는 점이다. 예를 들면 렌퀴스트, 타머스, 스캘리아처럼 자기를 임명한 대통령의 노선을 틀림없이 따르는 충복이 있는가 하면, 반대로 아이젠하워 대통령에 의하여 1953년 대법원장에 임명된 얼 와른은 그 반대의 경우이다. 그는 16년간 극히 자유주의적이고 진보적인 판결을 양산하여 미국 역사상 가장 진보적인 대법원을 운영함으로써 임명권자인 대통령을 크게 실망시켰다. 전술한 대로 와른 대법원(Warren Court)은 공립학교의 흑백학생 통합교육을 명령하였고, 공립학교에서 하는 기독교식 기도와 성경 낭독을 금지하였으며, 정부의 권력남용을 견제하면서 개인의 자유와 시민의 권리를 크게 신장하였다. 이 밖에 형사피의자의 권리를 놀랄 만큼 확대하였던 것은 잘 알려진 사실이다.

현재 9명의 대법관들은 다음과 같다.

이름	임명 연도	임명시 연령	임명한 대통령	소속 정당
William Rehnquist(대법관)	1971	48	Nixon	공화당
William Rehnquist(대법원장)	1986	63	Reagan	공화당
John Paul Stevens	1975	55	Ford	공화당
Sandra Day O'Connor	1981	50	Reagan	공화당
Antonin Scalia	1986	50	Reagan	공화당
Anthony Kennedy	1988	51	Reagan	공화당
David Souter	1990	50	Bush	공화당
Clarence Thomas	1991	43	Bush	공화당
Ruth Bader Ginsburg	1993	60	Clinton	민주당
Stephen Breyer	1994	55	Clinton	민주당

주정부의 법원조직과 주판사들

주정부의 1심법원(Trial courts)

원래 독립적인 주권을 가졌던 주정부는 연방제도에 의하여 국방, 외교, 화폐제조권 등 그들의 권한 중 일부를 양도하여 연방정부를 수립하기는 했지만, 양도하지 많은 대부분의 권한은 지금도 주정부의 고유 권한이다. 각 주정부는 행정부와 의회는 물론, 스스로의 법원제도를 가지고 자기 주 안에서 일어나는 모든 형사사건과 민사사건에 대하여 재판권을 행사한다. 이들 50개 주는 획일적인 사법제도를 가진 것이 아니고 각기 상이한 제도를 가지고 있다. 극히 상징적인 예를 하나 들면, 현재 텍사스를 비롯한 36개 주와 연방정부에서는 사형제도가 왕성하게 집행되는 반면 매사추세쓰(Massachusetts) 등 나머지 14개 주에서는 아예 사형제도를 철폐하고 있다.

그러나 이러한 다양성에도 불구하고 대체로 다음과 같은 공통성을 가지고 있다고 말할 수 있다. 각 주들은 연방법원제도와 마찬가지로 1심법원과 항소심제도를 채택함으로써 사법판단의 신중성을 보장하고 있다. 대체로 이들은 3심제도를 택하고 있지만 2심제도를 채택한 주도 적지 않다. 3심제도에 의하면 1심법원은 모든 형사사건과 민사사건의 첫 재판을 관할하는 법원이고, 제1심에 불복하는 소송 당사자는 항소법원으로 항소할 수 있다. 또, 거기서도 승복할 수 없으면 최고법원으로 상고할 수 있다.

1심법원은 '제한적 관할권(limited jurisdiction)'을 가진 법원과 '일반적 관할권(general jurisdiction)'을 가진 법원으로 분류할 수 있다. 제한적 관할권을 가진 법원은 민사사건의 경우 소송가가 일정 액수(예를 들면 100,000달러) 이하인 사건만 취급하고, 형사사건의 경우는 1년 이하의 징역 또는 2,000달러 이하의 벌금에 처해지는 경죄만 취급한다. 취급하는 사건의 내용에 따라 '제한적 관할권'을 가진 법원으로 간주되는 것으로는 '청소년법원(Juvenile court)' '가정법원(Family court)' '유산상속법원(Probate court)' '교통법원(Traffic court)' '시법원(Municipal court)' '카운티 법원(County court)' '소액재판법원(Small claims court)' 등이 있다. '일반적 관할권'을 가진 1심법원은 민사사건의 경우 소송가에 제한 없이 아무리 큰 사건이라도 재판할 수 있고, 형사사건의 경우는 1년 이상의 징역에 처해지는 중죄를 재판할 수 있다. 이들은 대개 '지방법원(District court)' 혹은 '상급법원(Superior court)'이라고 불린다.

모든 1심법원에서의 소송 절차는 거의 비슷하다. 민사사건에서는 원고와 피고 사이의 개인적 분쟁을 해결하고 필요하면 피해보상금을 지불하도록 명령한다. 형사사건의 경우에는 검사가 정부를 대리하여 기소한 사건에서 피고의 유죄 혹은 무죄를 가린 다음 유죄일 경우에는 그 형량을 결정하는 것이 법원의 기능이다. 1심법원은 어떤 사건을 재판함에 있어서 첫째로 사실 판단을 하고 그 다음 그 사실들에 어느 법률을 적용할 것인가 하는 결정을 내린다. 이와 반대로 항소법원이나 최고법원에서는 사실에 대한 결정을 하는 것이 아니고 다만 1심법원에서의 소송 절차와 판사의 결정에 법률적인 '과오(error)'가 있지 않았는가 하는 법률심사를 하는데, 이것은 연방법원에서의 경우와 마찬가지이다.

1심법원은 카운티(county) 혹은 시(city)에 설치하는데, 인구가 많은 카운티는 형사법원과 민사법원을 분리하고, 인구 수에 따라 하나 혹은 둘 이상의 법원을 설치할 수 있다. 인구가 적은 카운티의 경우에는 둘 혹은 그 이상의 카운티가 합하여 하나의 1심법원을 설치할 수도 있다. 이들 법원의 판사들은 일정 연한 이상의 변호사 경력을 가진 자 중에서 주에 따라 임명 또는 선거한다. 연방법원에서와 마찬가지로 재판은 배심 재판을 원칙으로 하나 소송 당사자의 요구에 따라서, 원한다면 판사에 의한 재판으로 진행할 수도 있다.

수적으로 제한되어 있는 법원이 무수하게 접수되는 모든 사건을 전부 재판할 수는 없다. 따라서 '재판 전 증거교환'이라는 소송 절차에 의하여 증거내용과 재판전략을 피차 충분히 알고 나면, 민사사건의 경우는 '당사자 간 화해' '중재' 혹은 '조정'에 의하여, 형사사건의 경우에는 '유죄인정 후 형량흥정'에 의하여 대부분의 사건이 재판 없이 해결되고, 극소수의 사건들만 재판으로 진행된다는 것은 연방법원의 경우와 마찬가지이다. 이때 모든 재판은 공개재판을 원칙으로 하고 1심재판의 판사는 언제나 단독심이며 합의부는 존재하지 않는다.

주의 항소법원(Court of Appeals)

39개 주에서는 제1심에 불복하는 소송 당사자들의 항소를 받아주는 법원을 '항소법원'이라고 부른다. 항소법원은 주 전체를 몇 개의 구역으로 구분하여 구역에 하나씩 설치되어 있고, 그 구역 안에 위치한 모든 1심법원으로부터의 항소를 심판한다. 항소사건은 판사 3인의 합의제로 판결하는 것이 보통이다. 예를 들면 하나의 항소법원에 15명의 판사가 있을 수 있지만 그 중 3인의 판사만 한 사건에 배당된다. 텍사스의 경우에는 주 전체를 지리적으로 14구역으로 나누어 각 구역마다 항소법원을 두고 있지만, 휴스턴은 구역이 워낙 방대하여 항소법원을 두 개 설치하고 있다.

항소법원은 1심법원에서 결정한 '사실에 관한 문제들(questions of fact)'은 그대로 받아들이고 오직 '법률문제(questions of law)'만 심사하며, 하급심에서 '법률상의 오류(errors of law)'를 범한 것이 있는가 여부만 결정한다. 따라서 증인이 출두하여 증언할 필요는 없고 1심재판에서 제출한 재판기록과 변호사의 '항소이유서'만 검토한 다음 양쪽 변호사로부터 15분간의 구두 변론을 청취한 후 판결을 내리는데, 이는 연방법원의 경우와 마찬가지이다. 형사사건의 경우, 제1심에서 피고가 무죄로 판결났을지라도 이중위험 금지조항 때문에 검사가 그 사건을 항소할 수 없는 것 역시 연방법원의 경우와 같다.

항소법원의 판결이유는 서면으로 작성되고 그것은 주의 법원판례집에 수록된다. 이는 '보편법'의 전통을 살려 판사가 만든 법률을 영구히 보존하기 위함인데 연방법원에서와 마찬가지이다. 그러나 항소법원의 업무량이 증가함과 더불어 '미발행 판결문(unpublished opinion)'도 많아졌다. 주항소법원의 판사들은 각기 한두 사람 정도의 '법률연구원'을 채용하여 법률연구와 판결문 작성에 도움을 받는데, 그 지방 법대 출신 중 가장 성적이 좋은 신참 변호사들을 선발하여 쓰는 것은 연방법원의 경우와 동일하다.

주의 최고법원(Court of last resort 혹은 Supreme court)

주마다 최고법원을 설치하여 소송 당사자들의 최종 상고사건을 심판함과 동시에, 주정부의 중대한 법률문제 혹은 그 앞날에 큰 영향을 주는 사회정책들을 결정하게 한다. 재미있는 것은 텍사스 주와 오클라호마 주는 2개의 최고법원을 가지고 있다는 것이다. 하나는 민사사건의 상고만 취급하는 대법원(Supreme court)이고 다른 하나는 형사사건의 상고만 다루는 형사최고법원(Court of criminal appeals)이다.

고등법원(Court of intermediate appeals)과는 달리 최고법원은 그 재량에 의하여 상고사건을 선택적으로 접수하고 판결한다. 다만 사형을 받은 피고의 경우는 최고법원이 의무적으로 상고를 받아주도록 되어 있다. 주의 최고법원은 7명 내지 9명의 대법관으로 구성되어 있는데, 언제나 전원 합의제로 사건을 심판하는 것은 연방대법원과 마찬가지이다. 상고사건의 진행 절차와 과정은 항소법원에 있어서와 비슷하다. 다만 11개 주에는 제2심에 해당되는 항소법원이 없으므로 제1심법원에서 직접 최고법원으로 항소하게 되어 있고, 따라서 이것은 2심제도에 해당된다. 최고법원의 판사들 역시 각기 세 명 정도의 법률연구원을 두고 있음은 항소법원의 경우와 같다.

연방대법원과 마찬가지로 주의 최고법원은 주헌법을 해석하고 주법률이 주헌법에 위반하는가 여부를 심사할 수 있으며, 판결문을 통하여 법률해석의 이론적 근거와 사회정책의 방향을 제시해준다. 연방헌법 제6조 2항의 '연방법 우월원칙'에 의하여 주법원들은 연방헌법과 연방법률을 준수하여 재판한다. 그러나 만약 주헌법이 연방헌법보다 더 많은 권리와 자유를 주민에게 부여한다면 주헌법에 따라 주민의 권리를 더 인정하는 판결을 할 수는 있다. 예를 들면 연방헌법에는 교육을 받을 권리가 포함되어 있지 않으나, 대부분의 주헌법은 주민들이 교육받을 권리를 포함하고 있다. 따라서 주의 최고법원은 그러한 주헌법의 규정에 의하여 지역적으로 빈부의 차가 심할 경우 재산세에만 의존하는 교육비 징수제도(즉, 지역에 따라서 교육재정의 지출이 불균형한 경우)는 위헌이라고 판결할 수도 있다. 일반 시민의 일상생활과 밀접한 관련이 있는 사안에 있어서는 멀리 떨어져 있는 와싱튼 D.C.에서가 아니라 가까이에 있는 자기 주의 수도에서 더 중요한 재판결과가 나오는 것이 조금도 이상할 것이 없다.[7]

주법원 판사들의 임명 그리고 선거

1) 선거에 의한 판사 선출제도

주법원의 판사들은 어떻게 해서 처음 판사석에 오르게 되는가? 그들의 초임방법은 주에 따라 선거 아니면 임명이라고 할 수 있으며, 다음과 같이 다양하게 나뉘어 있다.

많은 주에서는 선거에 의하여 판사를 선출한다. 19개 주에서는 1심법원의 판사들을 '정당표시선거(partisan election)'에 의하여 선출하고, 10개 주에서는 항소법원의 판사들을 정당표시선거에 의해서 선출한다. 또한 18개 주에서는 1심법원의 판사들을 '정당무표시선거(nonpartisan election)'에 의하여 선출하고, 13개 주에서는 항소법원의 판사들을 정당무표시선거에 의하여 선출한다. (판사선거전에서 후보자가 자기의 소속 정당을 밝히고 예비선거를 통과하여 입후보하는 것을 '정당표시선거'라 하고, 후보자의 소속 정당을 밝히지 않고 인물 본위로 선출하라고 하는 제도를 '정당무표시선거'라고 한다.)

판사의 선거제도를 지지하는 이들은, 민주주의사회의 판사들은 당연히 선거를 통해서 국민에게 정치적 책임을 지고 정치적 평가를 받아야 한다고 주장한다. 그 근거는 판사들이 중요한 국가정책을 결정할 뿐만 아니라 국민의 생명, 자유, 재산에 대하여 중대한 결정을 내릴 수 있기 때문이라고 한다. 반대로 판사선거 반대론자들은 판사들이 법률에 관한 지식과 양심에 의한 확신으로 재판하는 것이 국민에 의한 정치적 평가를 받는 것보다 더 중요하다고 주장한다. 그들은 선거에 의하여 판사들을 선출할 경우, 당선된 판사들은 법률과 양심보다는 국민의 정서와 사회의 여론에 비추어 재판을 할 것이라고 주장한다.

둘 중 어느 쪽 주장이 옳은지 판단하기는 쉽지 않다. 그러나 중요한 것은 판사들을 선거하는 주에서도 대부분의 판사들이 처음 판사석에 오르는 것은 선거에 의해서가 아니라 임기를 채우지 않고 사임한 전임 판사의 잔여 임기를 충당하기 위해 주지사가 임명한다는 사실이다. 예를 들면 정당무표시선거에 의해서 판사들을 선출하는 캘리포니아 주에서든 정당표시선거를 통하여 판사들을 선출하는 텍사스 주에서든 거의 90%

의 판사들은 사임하는 판사들의 잔여 임기를 채우기 위하여 주지사의 임명에 의해서 처음 판사석에 오른다. 판사가 사임하고자 할 때에는 같은 정당에 속하는 주지사의 재임중에 사임하는데, 이는 자기 정당의 다른 변호사에게 판사로 임명될 수 있는 기회를 주기 위한 일반 관례 때문이다.

임기 보충을 위해 임명된 판사가 잔여 임기가 끝난 다음 판사선거에 후보로 나서면 현직 판사라는 이점 때문에 당선될 가능성이 훨씬 크다. 따라서 선거에 의하여 판사들을 선출한다고 해서 반드시 국민에게 정치적 평가를 받았다고 말하는 것은 현실과 거리가 먼 소리이다. 그뿐 아니라 '판사행동규제법(Code of Judicial Conduct)'에 의해서, 선거에 나선 판사 후보들은 앞으로 자신의 재판정에서 처리될 수 있는 사건들에 대하여 어떻게 판단할 것인가 하는 의견을 진술하는 것을 금지당하고 있다. 결과적으로 유권자들은 판사 후보에 관하여 거의 아는 것 없이 다만 성별, 인종, 정당 등만 고려하여 투표하게 된다. 누가 누구인지 모르는 이름만 10개 정도 나열되어 있다면 현직 판사의 이름이 가장 눈에 띄고, 그래서 현직 판사가 당선될 가능성이 크다. 또 다른 문제는 판사의 선거제도 하에서는 외국풍 이름을 가진 멕시칸계, 이민자, 그 밖의 소수인종에게는 당선의 기회가 거의 없다는 점이다.

그러나 이렇게 말하는 것은 판사들의 선거제도가 전혀 무의미하다는 뜻이 아니다. 어떤 연구에 의하면, 선거에 의하여 판사들을 선출하는 주에서는 판사선거가 있기 전 2년 동안에 현직 판사들이 국민정서와 사회여론에 훨씬 더 민감하게 반응하여 판결했다는 통계가 나와 있다. 선거제도가 부분적으로나마 효과가 있다는 뜻이다.

판사선거제도의 최대 맹점은 판사들의 선거운동에 후원금을 기부한 사람들이 나중에 그 판사의 재판정에 변호사 혹은 소송 당사자로 나타날 수 있다는 점이다. 이것은 사법부가 부패했다는 인상을 주기에 충분한 매우 중요한 문제이다. 대부분의 주에서는 변호사나 일반인이 판사 후보의 선거자금을 기부하는 것을 금하지 않기 때문에, 판사들에게 선거자금을 기부한 변호사가 그 판사의 재판정에 변호사로 나오는 일이 흔히 있다.

실제로 1994년 텍사스 대법원에서 텍사코(Texaco)와 펜소일(Pennzoil) 두 석유회사 사이에 수십 억 달러에 이르는 소송이 계류중일 때에 텍사코를 대리하는 변호사가 315,000달러, 펜소일을 변호하는 변호사가 72,000달러를 대법원 판사 후보에게 기부했던 일이 있었다. 이것은 당시 전국적인 스캔들로서, '정의의 경매(Justice for sale)'라는 제호로 신문과 TV에서 여러 날을 두고 비판 보도하였다. 최근의 어떤 여론조사에 의하면 미국시민은 대체로 법원을 신뢰하고 있지만, 72%의 응답자는 판사 입후보자에 대한 선거후원금 기부문제가 제일 염려스러운 점이라고 응답한 바 있다.

그러면 선거후원금을 받은 판사들은 과연 어떻게 처신해야 하며, 어떤 제도적 개혁이 필요할까? 이 문제에 답하기 위하여 고안된 개혁안 중의 하나는 변호사들이 기부하는 후원금을 변협에서 일괄적으로 수집하여 모든 판사 후보자들에게 동일하게 분배하자는 것이다. 하지만 이럴 경우 과연 어떤 넋 빠진 변호사가 선거후원금을 기부하겠는가? 텍사스 스캔들이 있고 나서 텍사스 주는 1995년에 선거후원금의 기부 액수를 제한하였는데, 개인은 5,000달러까지, 법률법인은 30,000달러까지로 규정하였다. 오하이오 주는 1996년에 판사 후보자들이 사용할 수 있는 선거비용을 75,000달러로 제한하는 입법을 하였다. 이러한 움직임은 판사선거제의 맹점을 개혁하기 위한 노력이라 할 수 있다.

2) 판사를 임명하는 제도

15개 주에서는 주지사가 지방법원 판사들을 임명하고, 8개 주에서는 주지사가 항소법원 판사들을 임명한다. 이렇게 임명된 판사들은 2년 내지 10년 정도의 임기를 마친 후 법관평가위원회의 추천에 의하여 재임될 수 있다. 매사추세쓰 주와 뉴햄프셔 주는 판사들을 종신 임기로 임명한다.

판사임명제의 장점은 정치적인 외풍을 막고 능력 있는 판사들을 임명할 수 있다는 것이다. 그러나 판사들을 임명제로 선출한다고 해서 정치적 외풍을 완전히 막을 수 있는 것은 아니다. 주지사들은 정치적 동물이다. 주지사는 자기 정당에 속해 있고, 중요한 법률문제에 있어서 자신과 같은 견해를 가진 사람들을 판사로 임명하기 때문이다. 주지사가 임명하기 전에

반드시 법관추천위원회의 추천을 받고 임명을 한다고 해도 주지사의 정치적 입김을 막을 수는 없다.

판사임명제의 장점 중 하나는 그 제도를 통하여 인종 혹은 성별이 다양한 판사들을 임명할 수 있다는 것이다. 예를 들면 임기를 채우지 않고 사임한 판사의 후임자를 주지사가 임명할 수 있는 권한을 가진 캘리포니아 주에서는 진보적인 제리 브라운(Jerry Brown) 주지사가 1975년부터 1981년까지 6년의 재임 기간 동안 흑인 81명, 멕시칸계 73명, 아시아계 33명 그리고 132명의 여성들을 판사로 임명하였다.

판사들이 국민의 정치적 평가를 받도록 선거제를 이용하는 것과 판사들의 사법적 독립을 보장하기 위하여 임명제를 이용하는 것, 과연 어느 쪽이 더 현명한가는 결코 쉽게 결정할 수 있는 문제가 아니다.

3) 판사의 임명/선거 혼합형

보통 '미주리제도(Missouri Plan)'라고 부르는 이 방법은 1940년에 미주리 주에서 처음 채택하였으므로 이러한 명칭이 붙었다. 16개 주는 이 방법으로 항소법원의 판사들을 임명하고, 10개 주는 지법판사들을 이 방법으로 뽑는다. 이 제도에 의하면 판사석에 결원이 생겼을 때에 판사, 변호사 및 일반 시민으로 구성된 법관추천위원회가 판사 지원자들로부터 원서를 받고 그들의 자격을 심사한 후 그 중 세 명 정도를 주지사에게 추천한다. 그러면 주지사는 그들 중 한 명을 판사로 임명한다.

그 후 2년 내지 4년의 임기가 끝나면 그 판사는 유임선거 (retention election)에 임하게 되는데, 이것은 '아무개 판사를 유임시킬까요?' 하는 설문이 기재된 투표용지에 유권자들이 '예' 혹은 '아니요'만 기표하게 하는 제도이다. 이것은 여러 후보자들끼리의 경쟁선거가 아니고 현직 판사 한 사람에 대해서 그의 기록과 업적을 심판하는 선거이다.

와이오밍 주의 예를 보면 변협에서 추천하는 변호사 세 명, 주지사가 임명하는 일반 시민 세 명 그리고 주의 대법원장, 이렇게 일곱 명으로 법관추천위원회를 구성하고, 대법원장은 그 위원회의 의장이 된다. 위원회에서 판사 지원자들을 검토, 면접한 후 판사 결원 하나에 대하여 세 명의 추천자를 주지사에게 통보하면 주지사는 30일 이내에 그 중 한 명을 선택하여 판사로 임명한다. 만약 주지사가 추천된 세 명을 모두 싫어하여 30일 이내에 임명을 하지 않으면 대법원장이 그 세 명 중 한 명을 선택하여 판사에 임명한다. 이렇게 임명된 판사는 1년간 봉직한 후 유임선거에 임하게 되는데 그 후로는 4년에 한 번씩 유임선거를 치르게 된다.

미주리제도를 도입하면 판사들이 정치적인 영향으로부터 해방되면서, 동시에 법률과 양심에 의해서 재판하는 일 또한 가능해진다. 막대한 액수의 선거비용을 기부받고자 부당한 일을 저지를 필요가 없고 남에게 신세를 지고 편파적인 재판을 할 필요도 없다. 판사들은 90% 이상의 경우 유임선거에서 승리한다. 그러나 예외적으로 1986년 캘리포니아 주에서는 사형제도를 강력하게 집행하지 않았다는 이유로 로스 버드(Rose Bird) 대법원장과 다른 두 명의 대법관이 유임선거에서 패배했던 유명한 사건이 있었다. 미주리제도가 결코 완전한 것은 아니다. 위에 언급한 캘리포니아의 경우처럼 특정 이익집단이 하나의 문제만 물고 늘어지는 '단일문제 선거운동(single-issue campaign)'을 하면 유임선거에 임하는 판사의 희생이 따를 수도 있다.

4) 의회에서 임명/선임하는 제도

현재 세 개의 주에서는 주의회가 판사들을 선임 혹은 임명하는 제도를 이용한다. 예를 들면 카네티커트(Connecticut) 주에서는 판사추천위원회에서 추천하는 후보자 명부 중에서 주지사가 복수지명하여 주의회에 제출하면 주의회가 그 중 한 명을 최종적으로 판사에 임명한다. 그 판사의 8년 임기가 끝나면 주의회는 판사평가위원회의 추천을 받아 그를 재임명할 수 있다. 이러한 임명방식은 일반 선거를 피하므로 판사들의 독립을 보장할 수도 있고 의회의 지지를 받아야 하므로 정치적 평가도 약간은 받는 셈이 된다.

이러한 점에서 이것은 미주리제도와 크게 다를 바 없지만, 미주리제도보다는 판사들의 자격을 심사하는 과정이 충분하지 못하다. 뿐만 아니라 대부분의 변협과 사법개혁가들은 입법부가 법관을 임명하는 제도에 대하여 삼권분립의 원칙 위반이라며 싫어한다. 현직 의원 혹은 은퇴한 주의원이 판사로 임명되는 경우가 자주 있는 것도 그 결점이다. 이 제도가 앞으로

릴리 채택될 가능성은 거의 없다.

　이상에서 보았듯이 법관의 임명 혹은 선거방법은 정치적으로 국민의 평가를 받는 것과 사법부의 독립을 보장한다는 양대 측면의 균형을 항상 고려해야 한다.

주판사들의 보수, 승진, 탄핵, 퇴임

　주판사들에 대한 보수가 어느 정도인가 하는 것은 50개 주의 차이가 너무 크기 때문에 도저히 한마디로 말할 수는 없지만, 아마도 풀타임 판사인 경우 최소 60,000달러 내지 최고 140,000달러 정도라고 하면 틀림없을 것이다. 일류 법대를 갓 졸업한 변호사의 초봉이 뉴욕의 법률회사에서 150,000달러를 초과하는 것을 고려할 때, 이러한 봉급의 차이는 하나의 희극이라고 할 만하다.

　주판사들의 경우에도 승진이라고 하는 개념이 없는 것은 연방판사들의 경우와 마찬가지이다.

　주판사들에 대한 견책, 탄핵, 퇴임에 관하여 고찰하건대, 판사 선임방법이 각 주에 따라 다르듯 판사를 견책하거나 파면시키는 방법 역시 다양하다. 46개 주에서는 탄핵의 방법을 사용할 수 있는데 그 진행 절차는 전술한 연방판사의 탄핵과 비슷하다. 탄핵 이유로는 주에 따라서 '반역, 뇌물수수, 그 밖의 중범죄 혹은 불법행위' '공무 집행중의 과오 혹은 의무의 불이행' '공무의 고의적 태만이나 공무상의 부패행위' '도덕성을 결여

한 범죄를 저질렀을 경우' '중범죄를 저지름' 등을 들고 있다

다섯 개 주에서는 '주민소환(recall election)'에 의하여 판사를 퇴임시킬 수 있는데, 이것은 일정한 수의 유권자들이 서명한 판사소환 청원서가 들어오면 그것을 주민투표에 부치고 투표자의 과반수가 찬성하면 그 판사를 퇴임시키는 제도이다. 1977년에 위스칸신(Wisconsin) 주에서는 사이먼슨(Archie Simonson)이라는 판사가 10대 소녀를 강간한 소년 둘을 소년원에 보내는 대신 법원 감독 하의 집행유예에 처했던 사건이 있었다. 게다가 사이먼슨은 여자들이 선정적인 옷을 입기 때문에 그러한 사건이 일어났다고 판사석에서 발언하였다. 결국 주로 여성들이 앞장서서 그 판사를 주민소환 투표에 붙였고, 그 결과 사이먼슨 판사는 해임되었다.

그러나 위에 언급한 방법들은 오늘날 거의 사용되지 않고, 현재는 거의 모든 주가 판사의 불법행위에 대한 사건을 행정적으로 조사한 후, 견책, 판사직 정지, 권고사직 혹은 강제해임 등을 결정할 수 있는 방법을 사용한다. 이것은 법관견책위원회(Judicial Conduct Commission)의 역할이다. 어떤 판사가 뇌물을 받았다든가 부패했다든가 혹은 부적절한 언행을 했다든가, 상품권이나 스포츠 입장권을 받았다든가, 법정에서 검사나 변호사나 피고인에게 부당한 편견이나 부적절한 언동을 보였다든가, 소송 당사자와 일방적 대화(ex parte communication)를 했다든가 하는 모든 불평이 포함될 수 있다. 이러한 방법으로 사법부의 불법, 부패, 부정직 혹은 교만함을 제거하고자 하

는 것이며, 동시에 이를 통해 사법부에 대한 국민의 신뢰와 존경심을 높이고자 하는 것이다.

주판사들의 은퇴 혹은 사임의 경우 전술한 연방판사들의 경우와 마찬가지로 정치적 고려를 하는 점은 매우 흡사하다. 사표 제출자가 임명권자(주지사)의 당적이 자기와 같은가 다른가에 따라서 사임하는 시기를 저울질하는 것은 결국 자기와 같은 철학과 가치관을 가진 변호사를 자기의 후임으로 만들고자 하는 염원에서 나온 것이다.

한국의 사법개혁(2) : 재판제도의 개선책

한국의 법원들이 '공정하고 억울하지 않은 재판(fair and impartial trial)'을 함으로써 민주주의 법치사회에 부끄러움 없는 사법부가 되기 위해, 즉 국민들이 억울한 감정 없이 재판을 받고 재판결과를 충심으로 승복할 수 있기 위해서는 사법제도의 개혁이 꼭 필요하다. 법원은 결코 힘이나 벌거벗은 폭력(naked force)을 가지고 재판하는 곳이 아니다. 사법부는 독재 아닌 도덕적 솔선수범의 길을 걸어야 한다. 덕으로 국민을 따르게 하는 것은 왕도요, 힘으로 복종하게 하는 것은 패도이다.

1) '재판 전 상호 증거교환(Discovery)'제도

모든 민·형사사건에서 '재판 전 상호 증거교환'제도를 활용할 것을 적극 권장한다. 소송 당사자들끼리 (변호사를 통하여)

충분한 사전정보를 교환하게 하고 피차의 증거물과 재판전략을 상호간에 충분히 알려주게 해야 한다. 이것은 재판비용을 절감하고 불합리한 재판지연을 방지해주며, 재판정에서의 기습공격을 예방하고 진실에 의한 공정한 재판을 보장해준다. 이 방법을 통하여 피차 충분한 준비를 할 수 있으므로 한 사건은 1회의 공판만으로 종결지을 수 있다. 실제로 한번 배심재판이 시작되면 2차, 3차 공판을 열 수도 없다.

'재판 전 상호 증거교환'제도를 충분히 이용하면 민사사건의 경우는 '당사자 간 화해' '중재' 혹은 '조정'을 통하여 재판없이 사건을 종결할 수 있고, 형사사건의 경우에는 '유죄인정 형량홍정'을 통하여 양쪽 모두 재판결과의 불확실성을 피하면서 귀중한 시간과 비용을 절약할 수 있다. 이처럼 재판을 통하지 않고서도 재판과 동일한 효과를 얻는다는 것은 특히 법원과 검찰의 시간절약을 가능하게 하고 국가에 막대한 이익을 가져다준다.

2) 배심재판제도

민주주의정신을 살려서 국민이 사법제도에 참여할 수 있는 기회를 주고 소송 당사자, 특히 형사사건의 피고를 보호하는 차원에서 배심재판제도를 도입할 것을 권장한다. 때로는 형사 피고의 유죄판결을 받아내고자 지나치게 열성적인 나머지 합리적 경계를 넘어서는 검사들이 있다. 그런가 하면 일신의 안위만 첫째로 고려하고 권위의식과 아집에 사로잡혀 세상물정에 어두운 판사들도 있다. 이들로부터 사법권을 지키고 사법부의 민주화를 이루어내는 것은 일반 시민의 몫이다. 일반 시민 12명은 소송 당사자 혹은 형사피고와 같은 입장에서 그들을 이해한다. 그들은 동정심이 있고 재판이 진행됨에 따라 사건의 본질이 무엇인지 꿰뚫어보는 형안이 있다.

세 사람만 모이면 문수보살의 지혜보다 낫다고 하였다. 대개의 경우 판사 한 사람의 결정보다는 배심원 12명의 판결이 보다 합리적이고 보다 더 진리에 가까울 수 있다. 판사도 사람이기 때문에 오판을 할 수 있고 판단 곤란의 경우에 처할 때도 많이 있다. 그럴 때에 배심원들은 판사의 결단을 도와준다. 배심재판에서 사실의 판단은 배심원들이 결정한다 하더라도 판사는 재판에 적용되는 법률을 결정하고 재판 과정 전체를 통솔하고 주관하는 막중한 역할을 한다. 배심재판에서도 법정의 주관자는 틀림없이 판사이다. 검사 역시 자의적인 한 사람의 판사에 의한 결정보다 배심원 12명에 의한 만장일치의 결정을 오히려 환영할 것이다.

소송 당사자와 형사피고는 배심재판을 통하여 사법부에 대한 신뢰와 존경심을 높이고 재판결과에 억울한 마음 없이 진심으로 승복하게 될 것이다. 배심재판은 법정 안의 모든 이를 만족시킬 수 있다. 다만 재판시간이 길어지고 당사자와 변호사의 재판준비가 훨씬 더 어려워지며 재판경비가 몇 배로 증가하는 것은 피할 수 없을 것이다. 때로는 배심원으로 출두하라는 명령에 위반하는 시민이 나오기도 할 것이다. 이러한 제반 문제들에도 불구하고 배심재판제도는 꼭 채택할 만한 가치가 있다고 확신한다.

3) 형사피의자의 권리를 존중할 것

형사소송의 경우에는 피의자의 무죄추정, 불법적 체포와 수색을 당하지 않을 권리, 체포영장은 반드시 범죄를 행한 증거가 있을 때에만 발부한다는 원칙, 묵비권 인정, 불법으로 수집한 증거배척, 변호인의 도움을 받을 권리, 보석금을 내고 석방되어 불구속으로 재판받을 권리, 전문 증거의 채택을 배제하고 검찰조서만 가지고 재판하는 것을 피할 것, 피고에게 반드시 반대신문할 수 있는 권리부여, 이중위험 금지의 권리 등 피의자의 인권옹호에 필요한 사항들을 '판사'가 보장해야 한다. 이것은 헌법상의 '인권장전(Bill of Rights)'으로, 피의자의 권리를 보장한 미국과 마찬가지로 한국도 헌법 제12조, 제13조, 제27조에 명문으로 규정하고 있으므로 '법원의 의지'만 있으면 얼마든지 가능한 사항들이다.

예를 들면 경찰이나 검찰의 수사 과정에서 불법으로 수집한 증거를 재판에서 배제하며, 물적 증거에 의하여 뒷받침되지 않은 자백 증거의 채택을 배제하고, 범행 증거가 없는데 혐의만 가지고 '낚시질(fishing expedition)'식 영장발부를 하는 것을 금지하는 식으로 '법관'의 의지를 보임으로써 경찰과 검찰이 따라오게 하는 일이 충분히 가능할 것이다.

마찬가지로 형사피의자에 대해서는 불구속 수사를 원칙으

로 하고 불구속 상태에서 재판받을 수 있는 권리를 인정해야
한다. 피의자의 관할권을 확보하기 위하여 처음 한 번의 체포
와 구속은 필요하겠지만 일단 체포한 다음, 재판에 출두하겠
다는 약속만 받으면 더 이상 가두어놓을 필요가 없다. 응당 보
석금을 받고 구속상태에서 풀어주고, 피의자도 변호사와 함께
재판준비를 할 수 있게 해야 한다. '증거인멸의 우려'가 있기
때문에 보석으로 석방할 수 없다는 것은 법원이나 검찰의 '편
의'만 고려하여 피의자의 권리를 침해하는 행위이다. 체포하
기 전에 모든 증거를 수집했어야 함은 물론, 피의자가 재판준
비중에 위증 혹은 입을 맞출 염려가 있기 때문에 가두어둔다
는 것은 법원과 검찰의 편의를 위하여 피의자의 권리를 송두
리째 박탈하는 행위이다. 돈 있는 피고, 강력한 변호사를 선임
한 피고만 보석의 혜택을 받는다고 하는 일부 여론이 있는데,
만약 이것이 사실이라면 사법부를 위하여 통탄할 일이 아닐
수 없다. 법원은 형사소송에 있어서 피의자의 불구속 재판 원
칙을 확립해야 한다. 사법부의 권위와 법치주의의 확립을 위
해 법관들은 심기일전해야 할 것이다.

　　또한 외부의 압력과 여론에 밀리지 않는 굳건한 독립심이
있어야 한다. 법원은 형사법 집행기관이나 수사기관이 아니라
는 것, 검찰은 재판의 한 당사자에 불과하다는 것, 재판에 임
한 법관은 정부의 고용인 자격으로 재판하는 것이 아니라는
것, 즉 법관은 헌법의 수호자요 국민의 권리를 보호하는 최후
의 보루라는 사명감이 있어야 한다. 검찰의 과도한 불합리성

을 교정할 수 있는 최후의 유일한 보호막으로는 오직 '법관' 만이 있을 뿐이다.

4) 제1심의 권위를 높여야 한다

제1심은 배심재판을 통하여 사실심과 법률심을 겸하지만 항소심은 법률심만 담당하게 함으로써 재판의 효율성을 높이고 사법부의 시간, 인력, 경비를 아낄 수 있어야 한다. 뿐만 아니라 이것은 1심법원의 권위를 높이는 일이다. 1심에서 어렵사리 승소하였는데 항소법원에서 새삼스럽게 사실심을 한다고 증인을 출두시켜 새로 증거청취를 한다고 생각해보자. 이렇게 재판 전체를 다시 진행한다면, 1심법원은 결국 허수아비에 불과하단 말인가?

형사소송의 경우는 더욱 그렇다. 형사피의자의 이중위험에 대한 권리를 보장하여 1심에서 무죄판결을 받은 피고의 경우 검찰의 항소를 불허해야 한다. 정부의 막강한 권력을 등에 업은 검사가 1심에서 유죄를 증명하지 못했는데도 그에게 두 번, 세 번 기회를 주는 것은 너무 불공평해서, 피고를 두 번 죽이는 일이나 마찬가지이다. 정신적 고통, 시간과 비용의 낭비뿐 아니라, 때로는 무고한 사람에게 유죄선고를 내리는 일도 가능하기 때문이다.

1심에서 무죄로 확정되었다면 그것이 최종적 판결력을 지니게 함으로써 1심판사의 권위를 높여주어야 한다. 반대로 1심에서 유죄판결을 받은 형사피고는 그의 항소 여부와 상관없이 확정된 범죄인으로 간주하여 1심의 양형에 따라 형무소에 보내야 한다. 2년 이상 걸리는 상고를 통하여 대법원 확정 판결이 날 때까지 기다렸다가 형무소에 간다는 것은 1심법원의 권위를 땅에 떨어뜨리는 일이고 사법부의 위신을 스스로 깨뜨리는 일이다.

5) 제한적 관할권을 가진 법원을 더 설립할 것

제한적 관할권을 가진 법원을 더 설립하여 소액재판, 경범죄, 청소년범죄, 교통사고와 교통법 위반, 부동산 등기, 소비자 보호, 소액 상거래 등의 소송사건을 취급하게 해야 한다. 그렇게 하면 일반 국민은 자기의 불평사항을 털어놓기 위해 길거리에서 순경과 싸우거나 혹은 구청에 가서 큰 소리를 지르는 대신 공정한 법관의 판결에 의하여 문제를 해결하게 된다. 따라서 힘과 오기로 싸우지 않고 증거와 설득을 통하여, 그리고 억울하지 않은 감정으로 법률을 따를 수 있다. 다른 한편 상급법원 판사들은 그들의 지나친 직무 부담으로부터 해방될 수 있을 것이다. 민주주의 법치국가의 국민은 마땅히 성숙한 법률의식이 있어야 한다.

6) 법관의 임명제도 개선책

사법연수원을 갓 졸업한 25세 내외의 청년을 법관에 임명하기에는 법관의 임무가 너무나 중요하다. 법관에게는 법률적 경험과 사회적 경험이 다같이 필요하다. 법관의 신규 임명은 판사, 변호사, 일반 시민으로 구성된 법관추천위원회의 추천을 받아서 공정하고 정치적인 외풍을 피하는 방법으로 해야 한다. 신임 법관의 기본 자격은 법률대학원 졸업 후 적어도 8~10년의 법조 및 사회경력을 가진 자로 해야 한다. 법관의 임명과 승진을 법관 내부에서만 제한적으로 뽑는 폐쇄성을 버리고 법관 자리에 공석이 생겼을 때에는 모든 변호사와 법관으로부터의 공개적 모집 과정이 절대 필요하다. 그리고 법관의 보수를 훨씬 높임으로써 사법부의 독립성을 보장해야 한다. 초임 법관의 경우 적어도 차관급 보수를 지급함이 마땅하다. 법관은 5년 정도의 임기제로 하되, 재임중에는 해마다 변호사, 법관, 검사, 법대교수, 일반 시민으로 구성된 법관평가위원회에 의한 평가를 받게 한다. 또한 법관의 평가결과는 일반에게 공개하고 재임명시 중요 참고자료로 삼는다. 판사가 사임할 경우에는 적어도 2년간은 돈벌이하는 사적 취업(private sector employment)을 금지하되, 단 봉급은 계속하여 지급함으로써 속칭 전관예우의 폐단을 없앨 수 있다.

7) 헌법재판소

헌법재판소는 당연히 대법원에 흡수, 통합하여 인적, 사무적으로 구조조정함이 마땅하다.

연방정부 및 주정부의 검찰조직

연방 법무성(Department of Justice)

연방정부 최고의 법률 집행기관(law enforcement agency)은 법무성이고 그 장관은 'Attorney General(법무장관 혹은 검찰총장이라고 번역할 수 있음. 법무장관과 검찰총장은 동일인임)'이다. 속칭 '미국의 최고 경찰관(America's Top Cop)'[8]이라고 불리는 법무부장관은 미합중국의 모든 형사법을 집행하며, 미합중국이 당사자인 모든 소송사건에서 정부를 대리하여 법정에 출두한다. 또, 모든 법률문제에 있어서 대통령과 각 부 장관에게 자문과 권고를 할 수 있으며, 극히 중요한 민·형사사건이 있을 경우에는 정부를 대리하여 대법원에 직접 출두해서 변론할 수 있다. 즉, 법무장관은 미국 연방 검찰조직의 최고 수장이고 법무부는 한국의 법무부와 검찰청을 합한 것과 마찬가지의 기구이다. 법무장관 아래에는 'Deputy Attorney General(법무차관 혹은 검찰부총장)'이 있다. 장관과 차관 다음에 위치하는 법무부의 제3인자는 'Solicitor General(검찰실장)'인데 주요 임무는 미국 정부를 대리하여 대법원에 출두, 변론함으로써 미합중국이 승소하도록 하는 것이다. 한국의 법제와 비교하면 검찰총장에 해당한다고 할 수 있을 것이다.

법무부에는 수많은 국(局)과 실(室)이 있지만 그 중에서도 특히 형사사건을 취급하거나 담당하는 부서로는 다음과 같은 기구가 있다.

형사국(Criminal Division), 세무국(Tax Division), 청소년범죄국(Office of Juvenile Justice and Delinquency Prevention), 독점제재국(Antitrust Division), 여성폭력제재국(Office on Violence against Women), 주류/담배/무기단속국(Bureau of Alcohol, Tobacco, and Firearms), 민권국(Civil Rights Division), 마약단속청(Drug Enforcement Administration)

이들 법무부의 각 국은 법무부의 여러 가지 행정사무를 집행하면서 형사사건이 있을 때에는 수사와 소추를 담당하기도 한다.

법무부에서 모든 형사사건의 수사를 전담하는 기구로는 우리에게 잘 알려진 연방수사국(Federal Bureau of Investigation, FBI)이 있다. 일반적으로 그 수사관들은 'agent' 혹은 'special agent'라고 부른다. 법원경호국(US Marshals Service)은 연방법원의 경호, 보안, 형집행 등을 담당하는 기구인데, 그 국장을 연방보안관(federal marshal)이라 부르고 그 아래에 있는 경호원들은 보안관대리(deputy marshal)라고 부른다. 이들은 모두 연방정부의 형사법 집행을 주관하고 형사사건이 야기되었을 때에는 수사 기능을 담당한다.

형사사건을 취급하는 이러한 국에서는 각기 법무차관보(Assistant Attorney General)가 국장 역할을 하는데 이들은 모두 상원의 인준을 받아 대통령이 임명하는 정무직(Civil service가 아니고 Executive service)이다. 국장들은 각기 수백 명씩의 변호사를 법무차관보대리(Deputy Assistant Attorney General)라는 직명으로 고용하는데 그들 중 대부분은 형사사건을 담당하는 검사(prosecutor)의 역할을 한다. 이들을 '연방검사보'라고 부르는 것은 합당치 않고 '연방검사'라고 번역하는 것이 훨씬 적절하다. 법무부 본부에 근무하는 이들 연방검사들의 보수는 워낙 낮기 때문에 2~3년 이상 근속하는 경우는 극히 드물다. 대부분의 연방검사는 단기간의 경력을 쌓은 후 사임하고 다른 직장으로 옮기거나 혹은 형사법 전문 변호사로 개업하는 것이 보통이다.

'법무차관보'라고 불리는 법무부의 국장들은 정치적으로 활동적인 사람들이고 정무직이기 때문에 대통령이 직접 지명하고 대통령과 진퇴를 같이한다. 연방검찰조직상 중요한 관리들인 그들은 140,000달러 정도의 보수를 받으며, 잘하면 연방판사가 되기도 하고, 혹은 더 높은 정부직에 오르는 경우도 자주 있다.

앞에서 말했다시피 미합중국에 관계되는 사건이 대법원에 상고되었을 때에는 검찰실장이 대법원에서 연방정부를 대표한다. 대법원에서 판결하는 연간 120여 건 정도의 사건들 중 2/3 가까이가 연방정부와 관련된 사건들이며 검찰실장은 사건들의 상고 여부를 결정하는 것과 상고시 연방정부가 어떤 입장을 취할 것인가 하는 것을 법률적으로 결정하기 때문에 그의 권한은 막강하다고 할 수 있다. 뿐만 아니라 검찰실장이 상고한 사건은 대부분 대법원에서 받아주기 때문에 검찰실장을 10번째 대법관이라고 부르기도 한다. 실제로 검찰실장에서 대법관으로 지명된 케이스는 앞에서 언급한 마샬 대법관 이외에도 몇 사람이 더 있다.

미합중국 지방검사장(United States Attorney)

법무부 산하에서 법무장관의 직접적 명령을 받는 직책으로 미국 각 지역에는 현장에서 검찰사무를 관장, 담당하는 책임자인 'United States Attorney('미합중국 지방검사장'으로 번역하는 것이 타당함)'가 있다. '미합중국 지방검사장'은 연방정부의 모든 형사사건에서 법무부장관의 위임을 받아 수사와 소추의

임무를 수행한다. 전술한 대로 미국 전체에는 94개의 연방지
방법원이 있는데 각 지방법원의 관할구역마다 지방검사장의
사무실이 하나씩 있다. 다만 괌과 마리아나군도는 두 연방지
법을 합하여 하나의 지방검사장 사무실만 있으므로, 지방검사
장의 수는 전국을 통틀어 93명이다.

지방검사장은 법무장관을 직속상관으로 하며 자기 지역 안
에서 연방법 아래 일어나는 모든 형사사건을 책임지고 수사,
소추하는 '최고의 형사법 집행관(Chief law enforcement officer)'
이다. 미합중국 지방검사장들은 법무부의 법무차관보와 마찬
가지로 정무직이며 상원의 인준을 받아 대통령이 임명한다.
지방검사장이 대통령과 진퇴를 함께하는 정무직이기 때문에
검찰조직은 확실하게 행정부의 방침에 따를 수밖에 없다. 이
들 지방검사장들은 지검 사무실을 설치하고 수백 명에 이르는
변호사를 지방검사장대리(Assistant United States Attorney)라는
직명으로 고용하여 그 중 대부분에게 형사사건을 담당하는 연
방검사(prosecutor)의 역할을 부여하고 있다. 이들은 지방검사
장의 명을 받아 완전한 검사의 역할을 하기 때문에 '검사보'
가 아니라 '검사'라고 하는 것이 정확한 번역이다.

지방검사장은 FBI, 국세청, 관세청, 이민국 그리고 연방수
사기관으로부터 들어오는 형사사건을 검토한 다음 기소 여부
를 결정한다. 기소가 필요하다고 판단하면 자기 관할지역 소
재 연방지방법원에 기소하고 유죄판결을 받아낼 때까지 소추
한다.

지방검사장은 연방지방법원에서의 형사소추를 담당할 뿐만 아니라, 어떤 사건이 고등법원에 항소되었을 때에는 법무부의 지휘를 받아 지방검사장 사무실의 항소부에서 계속 그 사건을 담당한다. 한국과 달리 고등검찰청은 존재하지 않는다. 만약 어떤 형사사건이 대법원에까지 상고되면 역시 지방검사장이 계속하여 담당할 수도 있지만, 대개 법무부에 있는 검찰실장의 사무실에서 상고사건을 취급한다. 극히 중요한 사건일 때에는 법무부장관이나 검찰실장이 직접 대법원에 출두하여 변론하기도 한다.

전술한 대로 지방검사장은 법무차관보와 마찬가지로 정무직이기 때문에 대통령과 진퇴를 함께한다. 이들은 정치적으로 적극적인 사람들이고 140,000달러 정도의 보수를 받으며 잘하면 연방판사 혹은 그 이상의 고위 정부직에 오를 수도 있다. 이는 법무차관보의 경우와 마찬가지이다. 그러나 '검사'의 역할을 하는 지방검사장대리(Assistant US Attorney)들은 법무부의 연방검사들과 마찬가지로 극히 열악한 보수를 받기 때문에 2~3년의 경험을 쌓은 후 이직하여 형사법 전문 변호사로 개업하는 것이 상례이다. 극히 드물게 10년 가까이 연방검사로 근무하는 경우도 있으나 이들은 대개 후일 스스로 연방 지방검사장이나 판사직에 오르고자 하는 야심파라고 할 수 있다.

연방정부의 지방검찰청에 해당하는 93개의 지방검사장 사무실의 조직과 기능을 이해하기 위하여 구체적으로 달라스(Dallas)에 위치해 있는 텍사스 북부지구의 지방검찰청을 예로

들어보자. 달라스 소재 지방검찰청은 북 텍사스의 약 100카운티, 700만 인구를 초과하는 지역에서 연방정부의 최고 법률 집행기관이며, 지검장은 법무부장관의 권한을 위임받아 형사사건을 수사하고 소추한다. 본청 사무실은 달라스에 소재하지만 그 밖에 포트 워스(Fort Worth), 러박크(Lubbock), 아마릴로(Amarillo)에 지청을 두고 있다. 민사과는 연방정부가 원고 혹은 피고로 되어 있는 모든 민사사건의 정부측 변호인으로 활약한다.

지방검찰청 사무실 중 규모가 제일 큰 것은 역시 형사과이다. 지검의 형사과는 연방정부의 여러 수사기관에서 제출한 사건들에 대하여 기소 여부를 결정한다. 달라스 지검 형사과에는 100명 가까운 검사들이 배속되어 있다. 달라스 지검에서 취급하는 중요한 범죄유형에는 원칙적으로 연방법 위반사항 중에서도 이민법 위반, 불법무기소지, 마약사범 등이 있다. 특히 사무직 범죄에 중점을 두고 있으며, 공직자의 사기사건, 공직자 부패 등 정부 관리의 범죄, 컴퓨터범죄, 금융기관에 대한 범죄, 그 밖에 횡령사건, 사업체나 보험사에 대한 사기범죄를 다룬다. 폭력범죄로는 납치, 은행강도, 폭발물사건을 중요하게 취급하고, 물론 두 개 주 이상에서 행해지는 매춘, 도박, 자금세탁, 살인, 조직범죄 등도 취급한다.

사건이 항소되면 법무부 검찰실장의 지휘를 받아 뉴올리언스(New Orleans)에 있는 제5순회항소법원에 가서 변론을 한다. 고등검찰청이 별도로 존재하지 않으므로 달라스 지검의 항소부에서 항소사건을 담당하는 것이다. 다만 그 사건이 와싱튼에 있는 대법원에까지 상고되었을 경우에는 법무부의 검찰실장 사무실에서 담당하는 것이 관례이다.

주정부의 검찰조직

주정부마다 검찰총장이라고 하는 관직이 있기는 하지만, 이것은 형사사건을 취급하는 검찰의 역할을 하는 관청이 아니다. 주검찰총장의 주요 임무는 주지사 혹은 주의 각 부 장관의 법률자문에 응하고, 주를 상대로 한 모든 민사사건(원고이든 피고이든 가리지 않고)에서 주의 변호인으로 법정에 출두하는 것이다. 근래에 들어서 소비자보호, 자녀양육비 콜렉션, 사업상의 사기 등을 취급하는 사무도 담당하도록 주검찰총장의 영역이 넓어지기는 하였지만 그것은 모두 행정적인 사무이고 형법상의 수사 혹은 소추의 업무는 없다.

그렇다면 주정부의 형사법 집행기관으로 형사사건을 수사하고 소추하는 검찰기구는 어디에 있는가? 각 주는 행정상의 편의를 위해 주 전체를 카운티(county)라는 단위로 분할하고 있다. 주에 따라서 대개 50 내지 100개 정도의 카운티로 나뉘어 있지만 예외적으로 텍사스에는 카운티가 250개나 된다. 각 카운티는 주 고유의 업무를 위임받아서 처리하는 행정단위이지만, 카운티의 모든 관리들은 주민들이 직접선거에 의하여 선출한다. 카운티는 5-7인으로 구성된 '카운티 의회(County

Commissioners Court)'를 최고 의결기관으로 하고 그 수장을 '카운티 행정관(County judge)'이라고 부른다. 카운티의 세금업무와 재정업무 일체를 관장하는 기구는 '카운티 재정관' 혹은 '카운티 세입세출관(County Treasurer 혹은 County Tax Assessor-Collector)'이라고 한다. 카운티 관내의 치안과 질서를 유지하고 범죄를 예방, 체포, 수사하는 경찰기관으로는 '보안관(Sheriff)'이 있다.

그리고 카운티 내에서 최고의 형법 집행관으로 형사적 수사와 소추를 담당하는 '카운티 검사장(County Attorney 혹은 District Attorney)'을 선출한다. 여기서 언급하는 '카운티 검사장'이야말로 한국의 지방검찰청에 해당할 것이고 카운티 검사장은 지방검사장의 자격으로 자기 카운티 안에서 일어난 모든 형사사건을 책임지고 수사, 소추한다.

다만 미국은 연방제도이기 때문에 한 지역에 두 명의 지방검사장, 즉 연방 지방검사장과 카운티 검사장이 존재하며, 전자는 연방범죄를 후자는 주의 형사법 위반행위를 취급하는 것이다. 카운티 검사장이 주의 형사사건을 취급할 때에는 물론 카운티 보안관이나 관내 각 도시의 경찰 등 수사기관의 도움을 받는다. 참고로 말하자면 카운티 보안관(County Sheriff)은 카운티 안에서의 경찰업무를 맡고 있고, 경찰(Police)은 지방자치단체인 각 시(city)에서 운영하는 '시 경찰'인 셈이다.

카운티 검사장은 '검사장대리(Assistant District Attorney 혹은 Deputy District Attorney, 이들은 '검사보'가 아니고 '검사'라

고 번역하는 것이 정확함'라고 불리는 변호사들을 채용하여 그들에게 '검사'로서의 모든 임무를 맡긴다. 검사들은 카운티 검사장의 명을 받아 주 형법상의 모든 범죄를 수사, 기소하고 유죄판결에 이를 때까지 소추한다. 만약 형사사건이 항소법 원이나 대법원에 올라갈 경우에는 카운티 검사장 사무실의 항소부 검사들이 항소법원과 대법원에서 주정부를 대리하여 항소사건을 담당한다. 주정부의 검찰조직에는 고검이나 대검 이 없고, 지방검찰청에서 항소와 상고사건을 모두 담당한다.

카운티 지검장의 보수는 카운티의 크기에 따라서 다르지만 대체로 풀타임 지검장은 60,000달러 내지 140,000달러 사이 라고 할 수 있다. 카운티 지검장의 임기는 대개 4년이지만 선 거에 의하여 몇 번이든지 혹은 몇 년이든지 계속하여 그 자리 를 지킬 수 있다. 그러나 검사의 역할을 하는 '카운티 검사장 대리(Assistant District Attorney)'의 보수는 극히 열악하여 법대 를 갓 졸업한 초임 검사의 경우 연봉은 40,000달러 이내이고 5~7년 근속할 경우에라야 그 두 배 정도로 올라갈 수 있다. 때문에 검사의 이직률은 매우 높고 2~3년 정도 근무한 후 사 임하고 형사변호사의 사무실로 옮겨가든지 스스로 법률사무 실을 개업하든지 한다. 역시 연방검사들의 경우와 마찬가지이 다. 그 중에 야심가들은 혹 10년 가까이 카운티 검사로 근무 하기도 하지만 이들은 스스로 카운티 지검장, 판사 혹은 그 밖 의 정부 고위직을 원하는 꿈이 있기 때문이다.

한국의 사법개혁(3) : 검찰조직의 개혁과제

1) 검찰조직의 혁명적 개혁

검찰조직의 혁명적 개혁 없이 한국 사법제도의 개혁을 완성할 수는 없다. 검찰은 비록 사법부는 아니지만 사법권 운영에 너무나 중요한 몫을 차지하고 있기 때문이다. 검찰개혁의 목표는 민주주의 법치사회에서 진정으로 국가와 국민을 위해 일하는 흠 없는 검찰로 태어나는 일이다. 검찰은 첫째로 범죄인을 잡는 임무를 집행하는 기관이다. 따라서 현실적으로 조폭 같은 악질적인 범죄를 다루는 데서 오는 고충도 무척 많을 것이다. 그러나 검찰은 법률이 정한 권리와 의무 안에서 법률을 준수하는 가운데 검찰업무를 수행해야 한다. 검찰은 국가기관 중에서도 막강한 권력을 행사할 수 있는 기관이다. 검찰은 그 권력을 도덕적, 윤리적, 합리적, 합법적으로 사용해야 한다. 검찰은 오직 정직하고 올바른 방법으로만 직무를 수행하는 기구임을 국민에게 보여주어야 한다. 그래서 업무 집행에 있어서 국민에게 모범을 보이고 국민이 즐거운 마음으로 승복하도록 해야 한다. 만에 하나라도 권력의 남용이나 부정한 권력행사를 보여주면 검찰은 즉시 국민의 신임을 잃게 된다.

구체적으로 말하면 모든 범죄혐의자는 무죄추정권을 가지고 있으며 헌법에서 부여한 모든 권리와 인격적 대우를 받을 권리가 있음을 잊어선 안 된다. 범죄인을 처벌하는 일보다 더 중요한 것은 '정의(justice)'를 실천하고 '진리(truth)'를 찾아냄으로써, 국민에게 '정부는 법률을 위반하지 않는다'는 확신을 심어주는 일이다. 검찰에 대한 국민의 사랑과 신뢰가 커지면 그것은 국민의 자발적인 애국심을 향상시키는 데 기여한다.

위에서 언급한 대로 미국의 경우에는 헌법상의 '인권장전'을 통하여 그리고 1960년대의 대법원 판결들을 통하여 형사 피의자의 권리를 크게 신장하였다. 물론 때로는 그러한 보호 장치가 경찰의 치안유지, 범죄예방, 범죄수사 등의 기능을 방해하고 검찰의 소추기능을 너무 억압한다고 하는 불평도 있다. 순경 한 사람의 과오 때문에 어렵게 체포한 범인을 놓아주어야 하는가 하고 항변하기도 한다. 그러나 중요한 것은 경찰과 검찰은 도덕적이고 윤리적이어야 하며 법률을 준수하는 데 앞장서야 한다는 것이다. 경찰과 검찰 자신은 법률을 지키지 않으면서 범죄인만 감옥에 보내고자 혈안이 되어 있다면, 그것은 국가와 정부의 도덕성에 먹칠을 하는 짓이다. 국민은 결코 그것을 용서하지 않을 것이다.

우리는 왜 형사피의자의 권리를 주장하는가? 그것은 모든 피의자가 마음의 평화를 유지한 가운데 자신의 무죄를 주장할 수 있는 기회를 주고 만에 하나라도 무죄한 피의자가 감옥에 가는 억울한 일이 없도록 하기 위함이다. 즉, 불법적인 억지 수사를 추방하고 어처구니없는 오판을 피하기 위해서 피의자에 대한 보호조치가 필요한 것이다. 그러나 그보다 더욱 긴박한 것은 우리 자신이 언제 무슨 혐의로 갑자기 형사피의자의 자리에 서게 될지 알 수 없다는 것이다. 만약 경찰이 혹은 검찰이 당신에게 얼토당토않은 혐의를 씌워 커다란 벽돌집에 집어넣고 철창문을 덜커덩 채워버렸다고 상상해보라. 그때에는 암흑의 나락 속에서 형소법상의 권리들만이 구세주처럼 나타날 것이다. 따라서 국가와 정부에 대한 국민의 사랑과 신뢰는 실로 경찰과 검찰이 어떻게 업무수행을 하는가에 달려 있다 해도 과언이 아니다.

한국의 헌법상 형사피의자에 대한 권리보장은 미국헌법에서 받은 영향이 크다고 할 수 있다. 한국의 헌법 제12조, 제13조, 제27조에는 형사피의자의 권리를 상당히 구체적으로 규정하고 있다. 검찰은 적어도 형사소송이나 형소법에 규정된 형사피의자의 권리만은 제대로 보장해야 한다. 막강한 권력을 가진 검찰이 스스로 헌법과 법률을 위반하고 법률 위에서 직권을 행사한다면 국민과 역사가 용서하지 않을 것이다. 정부의 권한행사는 합법적으로 그리고 도덕적으로 집행되어야 하며, 검찰은 앞장서서 모범을 보여야 한다. 검찰의 기능은 범죄인을 겁주고 협박하여 감옥에 보내는 일이 아니다. 때로는 범법자를 한 명 놓치는 한이 있더라도 무고한 백성을 처벌해서는 안 된다.

좀더 구체적인 예를 들어보자. 만약 피의자를 변호인 없이 경찰이나 검찰에 불러다가 장시간 신문한다는 것은 피의자의 묵비권 행사를 송두리째 짓밟는 폭거라고 아니 할 수 없다. 피의자의 수사에 변호인의 동석을 불허하는 것은 헌법규정의 정면 위반이다. 피의자를 불러다 놓고 '피의자는 자기의 결백을 증명하시오'라고 윽박지르는 것은 무죄추정의 원칙과 검사의 거증(擧證)책임을 무시한 횡포일 뿐만 아니라 '피의자는 자기에게 불리한 증언을 거부할 수 있다'는 대원칙을 위반한 행위이다.

체포, 수색영장을 신청할 때에는 피의자가 범행을 저질렀다는 충분한 증거를 제시해야 한다. 그저 막연하게 범행의 혐의가 있기 때문이라고 낚시질식의 영장청구를 하는 것은 검찰에게는 편리할지 모르지만, 그것은 인권침해의 첫 단계가 아닐 수 없다. 주거를 마구 침입하거나 혹은 노상에서 마구잡이식으로 수사하는 일, 그리고 그렇게 증거를 수집하는 일은 이제 종식해야 한다. 피의자의 묵비권을 무시하고 획득한 증거라든가 그 밖에 불법체포 혹은 불법수색의 결과로 얻은 증거라면 '독 있는 나무의 열매(Fruits of the poisonous tree)' 원칙에 의해서 재판정에서 채택될 수 없다는 법률을 검찰 스스로 지켜야 한다.

피의자를 일단 체포한 후에는 체포에 필요한 행정조치를 끝낸 다음 피의자가 재판에 출두하겠다는 약속을 받은 후 보석으로 석방하는 원칙을 지켜야 한다. 피의자는 불구속 상태에서 재판준비를 하면서 불구속 재판을 받을 권리가 있다. 만약 검찰이 '증거인멸의 우려' 때문에 보석을 허가할 수 없다고 주장한다면 그것은 검찰의 '편의'를 위하여 피의자의 권리를 박탈하는 행위이다. 만약 피의자가 '입을 맞추고' 위증하는 일이 생기면 그것은 별도의 위증죄로 다스리면 된다. 위증을 예방하기 위해서 집어넣어 둔다는 것은 언어도단이다.

그리고 1심법원의 권위를 높이고 형사피의자의 권리를 보호하기 위하여, 1심에서 무죄가 확정된 피고의 경우 검찰은 승복하는 자세로 1심판사에게 사의를 표하고 항소를 포기하는 제도를 확립하여야 한다. 이 땅에 민주주의 사법제도를 실현하기 위해서는 실로 검찰의 환골탈퇴적인 개혁과 각오와 결심 그리고 실행이 필요하다. 한국의 사법제도 개혁은 바로 검찰 자신의 개혁과제라고 해도 지나친 말이 아니다. 실로 그것은 혁명적 개혁을 요구하는 일들이다.

2) 고등검찰청과 대검찰청의 구조조정

고등검찰청과 대검찰청을 별도로 두는 이유가 무엇인가? 고검의 기능 대부분은 무리 없이 지검에서 인수할 수 있을 것이고, 일부는 법무부로 가져갈 수도 있을 것이다. 대검찰청의 기능 역시 지검과 법무부 양쪽으로 조금씩 이관 혹은 조정하는 일이 가능할 것이다. 법무부와 지검에서 대검의 기능을 질서 있게 흡수하여 중복되는 직책과 역할을 없앤다면, 법무부와 지검의 기능과 역할을 구조조정함으로써 고검과 대검을 폐지할 수 있고, 법무부와 지검만으로 검찰기능을 알맞게 조정할 수 있을 것이다. 그렇게 된다면 법무장관과 검찰총장을 동일인이 맡음으로써 업무수행의 효율성을 향상시킬 수 있고 정책수립의 통일성도 확보할 수 있을 것이다. 또한 법무부와 검찰 사이의 불필요한 마찰도 없앨 수 있다.

검찰의 고위 간부직을 많이 없애는 대신 일반 평검사의 수는 현재보다 훨씬 증가시켜야 검찰행정이 제대로 진행될 수 있다. 뿐만 아니라 검찰수사는 원칙적으로 검사들이 직접 맡아야 하며, 지금처럼 수사관들에게 위임하는 관행을 중지해야 한다. 대검과 고검을 폐지하고 법무부와 지검에 흡수, 합병하는 구조조정을 해야 한다는 주장이 당장은 좀 과격하게 들릴지 모르나 그것은 어디까지나 스스로 과거의 타성에 젖어 있기 때문이다. 원형이정, 허심탄회한 마음으로 심사숙고한다면 반드시 공감하게 될 것이고 마침내는 동의하는 데까지 이르게 될 것이다. 검찰의 환골탈태하는 개혁정신이 필요하다고 앞에서 언급하였던 것은 이 때문이다.

3) 증인 소환시의 문제점

현행법상 '증인'을 '소환(subpoena)'하는 방법이 약간 어수룩해 보인다. 검찰이 수사 단계에서 증인을 소환할 때 판사가 서명한 소환명령서 혹은 출두명령서를 사용한다면 증인이 감히 출두를 거부하는 일은 없을 것이다. 만약 충분한 이유 없이 소환이나 출두명령에 불응한다면, 즉시 판사로부터 체포영장을 발급받을 수 있기 때문이다. 증인들이 소환이나 출두명령을 받고도 그것을 무시하는 실례를 볼 때마다 사법권에 대한 도전을 보는 듯하여 기분이 언짢아진다. 물론 '피의자는 자기에게 불리한 증언을 거부할 수 있는 권리 혹은 묵비권'이 있기 때문에 검찰이 '피의자'를 소환한다는 것은 불가능하다. 만약 피의자에게 불리한 증언을 거부할 수 있는 권리 혹은 묵비권을 무시하고 수집한 증거라면 재판정에서의 증거 능력이 없을 것이기 때문이다.

4) 국회의원 면책특권의 개혁

국회의원의 불체포특권은 미국에도 존재하는 제도이다. 그러나 미국의 경우에는 헌법에 의하여 '반역, 중죄 및 치안유지 위반(treason, felony, and breach of the peace)'의 혐의가 있는 경우에는 그 혜택을 받지 못한다. 한국에서는 국회의원의 불체포특권이 남용되는 현실이 있다. 그리고 국회의원의 원내발언에 대한 면책특권 역시 마구잡이로 남용하는 사례를 많이 본다. 이런 문제에 대하여 민주적 법치주의 원칙에 의한 전향적 개혁이 필요하다. 불체포특권 개혁의 방법으로는 미국헌법의 예를 따르는 것이 좋겠다. 원내발언 면책특권 개혁의 방법으로는 설리반 판결(New York Times Co. v. Sullivan, US, 1964)의 원칙을 따르는 것이 좋겠다. 즉, 국회의원이 '사실이 아님을 알면서 실제의 악의 때문에(actual malice)' 혹은 '진위에 대하여 고의로 검증을 거부한 채(reckless disregard for truth)' 거짓 발언을 하였음을 '분명하고 확실한 증거(clear and convincing evidence)'에 의하여 증명할 수 있을 경우에는 국회의원이라도 면책특권의 혜택을 받지 못하게 하는 방법을 채택함이 좋겠다.

맺는 말

미국 헌법의 근본 목적과 최고의 정신은 무엇인가? 그것은 첫째, 국민 각 개인은 정부와 국가기관이 침범할 수 없는 '각 자의 권리와 개인의 자유(individual rights and personal liberties)' 를 헌법상 보장받고 있다는 것이다. 둘째로, (이것은 동전의 앞 뒤와 같은 이야기지만) 정부와 국가기관은 국민들의 그러한 권 리와 자유를 보호해줄 헌법상의 의무를 짊어지고 있다는 것이 다. 그렇다면 정부가 침범할 수 없는 국민의 기본적 권리와 개 인의 자유란 과연 무엇을 말하는가?

미국헌법이 제정되기 전에 「독립선언서」는 이미 다음과 같 이 선언하고 있다.

> 모든 사람은 창조주로부터 불가양도의 권리를 부여받고 태 어났다. 그러한 권리 중에는 생명, 자유 및 행복의 추구권이 포함된다. 정부를 세우는 목적은 국민들의 이러한 권리를 보 호하기 위한 것이다. 만약 어떤 정부가 국민들의 그러한 권리 의 보호에 실패하는 경우에는 국민들은 궐기하여 낡은 정부 를 타도하고 새로운 정부를 세워 그 의무를 맡길 수 있다.

미국 헌법에는 「독립선언서」의 정신이 더 구체적으로 표현 되어 있다. 수정 제5조는 "어떤 사람도 '법률의 적절한 절차 (due process of law)' 없이 생명, 자유, 재산을 박탈당하지 아니 한다"고 규정하고 있으며 수정 제14조는 "어느 주든지 어떤 사람의 생명, 자유, 재산을 '법률의 적절한 절차' 없이 박탈할 수 없다"고 규정하고 있다. 일견 동일한 규정으로 보일지 모르지만 전자는 연방정부에 대한 경고사항이요 후자는 주정부에 대한 금지규정이다.

언론, 신앙, 집회, 정부에 대한 청원의 자유 등 미국인이라면 누구든지 누리는 기본적 권리는 물론이고, 형사피의자에 대한 모든 보호조치, 즉 무죄추정권, 변호사의 도움을 받을 권리, 불법적 압수, 수색, 체포를 당하지 아니할 권리, 불법수집한 증거는 재판시 배제할 수 있는 권리, 공정한 배심에 의한 재판을 받을 권리, 자기에게 불리한 증언을 거절할 수 있는 권리, 보석금을 내고 불구속 상태로 재판을 받을 권리, 유죄확정을 위해서는 합리적 의심을 초월하는 정도의 증거제시를 요구할 권리, 고발자에 대항하여 그를 반대신문할 수 있는 권리, 이중위험에 처해지지 아니할 권리, 1심에서 피고 무죄확정시 검찰은 항소할 수 없다는 원칙 등은 모두 '법률의 적절한 절차' 규정에서 나온다. 바꾸어 말하면 '적법절차'는 국민에게는 권리와 자유를 보호해주는 권리규정이요 정부에게는 의무규정으로 작용한다.

중요한 것은 미국에서는 전술한 마베리 판결(1803) 이후 사법부야말로 헌법 수호의 최후 보루라는 전통이 확립되어 있다는 점이다. 다시 말하면 사법부야말로 헌법에 보장된 국민의 모든 권리와 자유를 보호해야 할 의무가 있을 뿐 아니라 만약 정부나 국가기관이 적법절차 없이 국민의 권리와 자유를 침범하는 경우가 있다면 그러한 불법과 횡포로부터 국민을 보호해

주는 최후의 보호자가 곧 사법부라는 것이다.

한국 헌법은 미국 헌법의 영향을 많이 받아 제정된 매우 진보적인 헌법이다. 미국 헌법에 명시된 주권재민의 원칙과 인권보호의 이상은 한국 헌법에 고스란히 반영되어 있다. 따라서 미국의 사법제도를 이해한 다음 그것에 바탕하여 한국의 사법제도를 개혁하고자 하는 논의에는 큰 무리가 없을 줄로 믿는다. 한국 사법제도의 개혁논의는 지난 몇 년간 매우 활발하게 진행되고 있다. 이제는 그야말로 실제적인 개혁에 착수할 때가 아닌가 생각된다.

한국에 대한 애정이 가득한 필자는 꼭 다음 사항에 대한 개혁이 이루어지기를 권하고 싶다. 1) 변호사 양성기관으로는 법률대학원제도를 채택할 것. 2) 능력 있는 변호사를 양산하고 법률시장의 영역을 확대하여 경쟁력 향상을 강구할 것. 3) 민·형사재판에 배심제도를 도입할 것. 4) 형사소송에 있어서 피고의 무죄추정권 등 헌법과 법률이 부여한 모든 권리를 보장할 것. 5) 판사임명제도를 획기적으로 개선할 것. 7) 검찰과 경찰은 피의자의 수사 단계에서부터 권력의 남용을 피하고 피의자의 인권보호를 위하여 제도를 개선할 것.

꿈과 희망 그리고 열정적인 개혁의지 없이 개혁을 성취할 수는 없다. 다행히도 지금 한국에는 개혁을 위한 모멘텀이 있다. Strike the iron while it is hot. 훌륭한 칼을 만들기 위해서는 철이 달구어졌을 때 망치질을 한다. 한국의 사법개혁 역시 지금이 최적의 기회이다.

주

1) 'tort'는 특히 영미법에서 발달한 법률 영역인데 한국인에게 는 약간 친밀하지 않은 개념일 수도 있다. 한국과 일본에서 는 그것을 '불법행위' 혹은 '부정행위'라고 번역하는데, 그것 은 원래의 뜻을 전혀 살리지 못한 번역이다.

　　인간들이 사회생활을 하는 중에 명문으로 계약한 것은 아 니지만 그래도 인간의 사회생활을 원만히 하기 위하여 우리 모두는 피차간에 서로 '주의할 의무(duty of care)'를 가지고 있 다. 그런데 어떤 사람이 고의(intentional) 혹은 과실(negligent) 로 피차간에 '주의할 의무'를 범함으로써 타인의 권익을 침 범하고 그에게 '피해(damage)'를 주었다면 그는 권익을 침범 하고 피해를 준 그 타인에게 마땅히 피해보상을 해주어야 할 법률상의 책임을 지게 된다. 이와 같이 '주의할 의무'를 불이 행함으로써 권익을 침해받은 피해자에게 보상해주는 법적 책 임을 'tort'라고 한다. 'tort'에 의하여 권익을 침해받은 사람은 법적으로 손해보상받을 권리가 생기고 법원은 그 손해보상을 명할 수 있다. 이러한 의미에서 앞으로 이 책에서는 'torts'를 '권익침해' 혹은 '권침'이라고 번역한다.

　　구약에서는 '눈은 눈으로, 이는 이로, 손은 손으로, 발은 발로' 갚아야 한다고 언급하고 있는데 이것은 바로 'tort'의 원칙을 설명한 것이다. 그러나 현재는 야만적인 복수사상을 버리고 모든 손해보상을 금전으로 환산하여 보상해주고 있 다. 물론 현재에도 '처벌적 손해배상(punitive damages)'이라는 개념이 있어서 강폭자의 '악의적' 권침행위를 징벌적으로 처 벌하고 있음은 사실이다. 예를 들면 담배회사 소송사건이나 알래스카에서의 엑산(Exxon) 석유회사의 경우는 대표적인 케 이스였다.

2) 이 책에서는 편의상 'law school'을 '법률대학원'이라고 번역한다.

3) 여기서 보다시피 캘리포니아와 뉴욕 주는 각기 연간 5,000명 이상의 졸업생을 배출하고, 텍사스, 매사추세쓰, 일리노이, 플 로리다, 와싱톤 D.C., 미시건, 오하이오, 펜슬베이니아 주에서 는 각기 2,000명 이상씩, 그리고 버지니아, 뉴저지, 루이지애

나, 노스캐롤라이나, 미주리, 조지아, 미네소타, 와싱튼 주에서는 각기 800 내지 1,500명씩의 졸업생을 배출하며, 그 밖에 작은 주들은 연간 100-200명 정도의 졸업생을 내고 있다.

한편 ABA의 인가 없는 법률대학원은 현재 41교가 있는데 그 중 28교는 캘리포니아 주에 존재한다. 캘리포니아 주에서는 ABA의 인가 없는 'law school'을 졸업해도 변호사 시험에 응시할 수 있기 때문이다.

4) 예를 들면 흑인학생의 법대 지원자 사정시 가산점을 주어 흑인지원자를 우대하는 '우대정책(Affirmative action)'에 대한 박키 사건(Bakke v. University of California Regents, US, 1978)을 결정하였을 때에는 대법관들의 의견이 너무나 산표되어 다수의견을 찾기가 어려웠지만 가까스로 입학 사정시에 인종을 고려해도 좋다고 허가한 점 하나만은 5 : 4로 찾아낼 수 있었다.

동성연애를 금지하는 법률의 위헌 여부를 결정하였던 바우어스 판결(Bowers v. Hardwick, US, 1986)의 경우에는 조지아 주의 동성연애 금지법을 위헌결정하기로 투표하였던 루이스 파월(Lewis Powell) 대법관이 다수의견 작성 도중 태도를 바꾸었기 때문에 5 : 4의 위헌판결이 거꾸로 5 : 4의 합헌판결로 결정되기도 하였다. 그 후 동성연애 금지법은 2003년 6월에 와서야 비로소 로렌스 판결(Lawrence v. Texas, US, 2003)에서 대법원이 6 : 3의 판결로 바우어스 판결을 번복하고 텍사스(Texas)의 동성연애 금지법을 위헌판결하였다.

5) 스톤(Harlan Fiske Stone) 대법관은 캐롤린 생산공장 판결(United States v. Carolene Products Co., US, 1938)의 주문을 집필하는 중 유명한 'Footnote 4'를 썼다. 그것은 정치적·종교적·인종적 소수, 즉 'discrete and insular minorities'에 대한 부당한 차별대우를 방지하기 위해서 사법부는 수정헌법 제14조의 '적법절차(due process of law)'를 원용하여 '엄격한 법률심사(strict scrutiny)'의 척도로써 법률의 위헌 여부를 심사해야 한다고 주장하는 것이었다. 바꾸어 말하면 '힘없는 계급(suspect class)', 즉 정치적·종교적 혹은 인종적으로 인기 없는 소수파(예를 들면 사회주의자들, 여호와의 증인들 혹은 흑인들)를 보호하기 위해서는 '사법부의 특별한 보호(judicial protection)'가 필요함을 주장하였던 것이다. 다수의 횡포로부

터 소수파의 정당한 권리를 보호하기 위하여 법원이 '엄격한 위헌심사'의 잣대로 법률의 위헌 여부를 심사하는 입장을 그 후 '사법 적극주의'라고 부르기 시작했다. 와른 대법원장이 이끌었던 1960년대의 대법원이 '엄격한 위헌심사' 척도를 원용하여 적극적 진보주의적 헌법해석을 하였던 것은 유명하다. 반대로 1980년대 이후 현재까지의 렌퀴스트(Rehnquist) 대법원은 '협의의 헌법해석(strict construction)'과 '사법권의 억제적 사용(judicial restraint)'의 보수주의적 행보를 취하면서 소수파에 대한 차별대우와 권리박탈을 묵과하고 있다.

6) 참고로 실화를 하나 들면 그리핀 벨(Griffin Bell)은 카더 대통령의 법무장관(Attorney General)이었지만 그 이전에는 조지아 주의 연방지법 판사였다. 어떻게 연방판사가 되었는가 하는 질문에 그는 다음과 같이 솔직하게 대답하였다. "연방판사가 되는 것은 어려운 일이 아니었다. 나는 케너디 대통령의 조지아 주 선거본부장이었고 나와 제일 친한 친구 둘은 조지아 출신 상원의원들이었다. 뿐만 아니라 나는 조지아 주지사의 선거참모장이었고 그의 특별 변호사였다." (Becoming a federal judge wasn't very difficult. I managed JFK's presidential campaign in Georgia. Two of my oldest friends were the senators from Georgia. And I was campaign manager and special counsel for the governor.)

7) 재판상의 지방분권을 보여주는 것으로 다음 케이스들을 들 수 있다. 연방대법원 케이스 : San Antonio Independent School District v. Rodriguez, US, 1972. 뉴햄프셔 주 케이스 : Claremont School District v. Governor, N.H., 1997. 버만트 주 케이스 : Brigham v. State, Vt., 1997. 아리조나 주 케이스 : Roosevelt Elementary School District No. 66 v. Bishop, Ariz., 1994. 테너시 주 케이스 : Tennessee Small Schools Systems v. McWherter, Tenn., 1993. 텍사스 주 케이스 : Edgewood Independent School District v. Kirby, Texas, 1989.

8) "John Ashcroft, America's Top Cop, is Loved and Hated", *US News and World Report*, Jan. 26, 2004, cover story.

법으로 보는 미국 그리고 한국의 사법개혁

펴낸날	초판 1쇄 2004년 4월 30일
	초판 3쇄 2012년 2월 27일

지은이	**채동배**
펴낸이	**심만수**
펴낸곳	**(주)살림출판사**
출판등록	1989년 11월 1일 제9-210호

경기도 파주시 문발동 522-1
전화 **031)955-1350**   팩스 **031)955-1355**
기획·편집 **031)955-4662**
http://www.sallimbooks.com
book@sallimbooks.com

ISBN   978-89-522-0219-2   04080